高等职业教育系列教材

工程识图与制图习题集
（非机械类）

主　编　刘雅荣　周佩秋
参　编　李国斌　孙增晖

机　械　工　业　出　版　社

本习题集与刘雅荣、周佩秋主编的《工程识图与制图（非机械类）》（ISBN 978-7-111-51055-0）教材配套使用，习题集编写顺序与教材一致，内容涵盖了教材的主要知识点，是教材基本理论的落实与实践，主要包括平面图形的绘制与识读、基本体几何体三视图的绘制与识读、组合体视图的绘制与识读、轴测图的绘制、机件的常用表达方法、常用零部件及结构要素的绘制与识读、零件图的绘制与识读、装配图的绘制与识读、其他工程图样的绘制与识读、计算机绘图等。

本习题集可作为高职高专近机械类和非机械类等专业的基础课程教材，也可供有关的工程技术人员参考。

图书在版编目（CIP）数据

工程识图与制图习题集：非机械类/刘雅荣，周佩秋主编. —北京：机械工业出版社，2015.8（2023.9 重印）

高等职业教育系列教材

ISBN 978-7-111-51056-7

Ⅰ.①工… Ⅱ.①刘…②周… Ⅲ.①工程制图－识别－高等职业教育－习题集 Ⅳ.①TB23－44

中国版本图书馆 CIP 数据核字（2015）第 179138 号

机械工业出版社（北京市百万庄大街 22 号　邮政编码 100037）
策划编辑：曹帅鹏　责任编辑：曹帅鹏
责任校对：潘　蕊　责任印制：郜　敏
北京富资园科技发展有限公司印刷
2023 年 9 月第 1 版第 5 次印刷
260mm×184mm ·15.25 印张·190 千字
标准书号：ISBN 978-7-111-51056-7
定价：45.00 元

凡购本书，如有缺页、倒页、脱页，由本社发行部调换

电话服务　　网络服务
服务咨询热线：010-88379833　机 工 官 网：www.cmpbook.com
读者购书热线：010-88379649　机 工 官 博：weibo.com/cmp1952
教育服务网：www.cmpedu.com
封面无防伪标均为盗版　金 书 网：www.golden-book.com

前　言

本习题集与刘雅荣、周佩秋主编的《工程识图与制图（非机械类）》（ISBN 978-7-111-51055-0）配套使用。本习题集注重学生识图与制图能力的提高，同时注重对学生基本技能的训练，习题集在安排上由浅入深，注重知识的落实，是一本实践性很强的教材。

本习题集在编写过程中，吸取了兄弟院校同类教材的优点，同时也体现了编者在教学过程中经验的积累，具有如下特点：

1）习题集编写采用了最新的国家标准。

2）习题设计科学合理，充分考虑了使用对象的接受能力。

3）习题集适合高职高专近机械类和非机械类等各专业使用。考虑到教材的完整性和学习参考方便，习题集在内容上留有适当的富余，教师可根据教学课时和专业特点按一定的深度、广度进行取舍。

本习题集由刘雅荣、周佩秋主编，李国斌、孙增晖参加编写，全书由刘雅荣统稿。

由于编者水平有限，难免存在疏漏、错误之处，恳请读者批评指正。

编　者

目　　录

第 1 章　平面图形的绘制与识读

1.1　国家标准有关机械制图的基本规定

1. 字体练习

图样上字体工整笔画清　　仿宋体字横平竖直注意

楚间隔均匀排列整齐长　　起落结构匀称填满方格

班级______ 学号______ 姓名______ 成绩______

齿 轮 蜗 杆 箱 体 底 座 壳 叉 支 架 法 兰 盖 同 带 减 速 器

ABCDEFGHIJKLMNOPQRST

0 1 2 3 4 5 6 7 8 9 Φ R

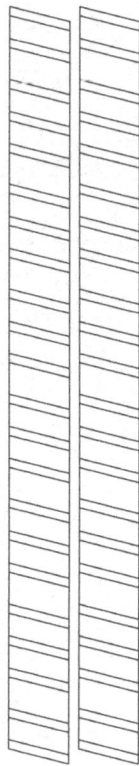

UVWXYZabcdefghijklmop

0 1 2 3 4 5 6 7 8 9 Φ R

班级____________ 学号____________ 姓名____________ 成绩____________

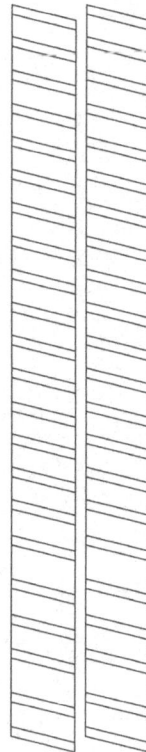

2. 图线练习：在指定位置处，照样画出图线和图形

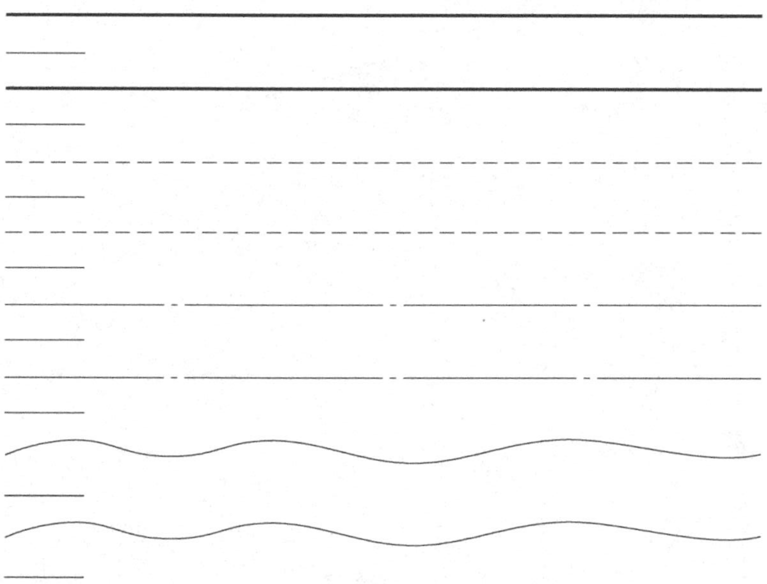

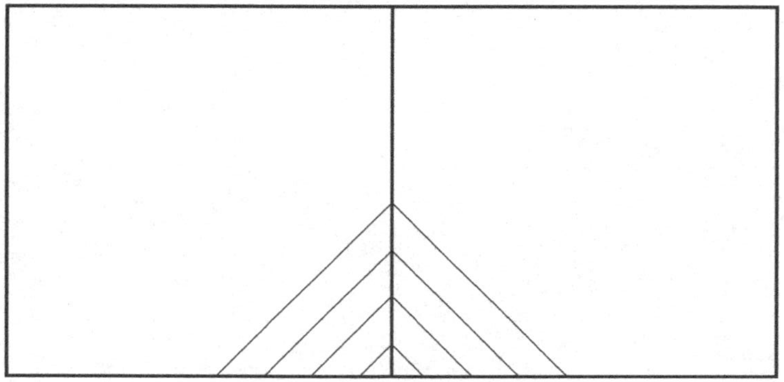

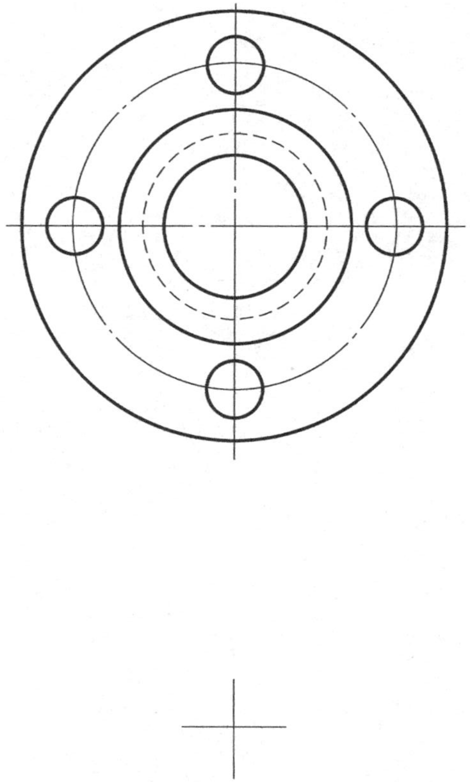

班级__________ 学号__________ 姓名__________ 成绩__________

3. 尺寸标注

（1）填写图中尺寸数字（按 1∶1 在图上量，取整数）

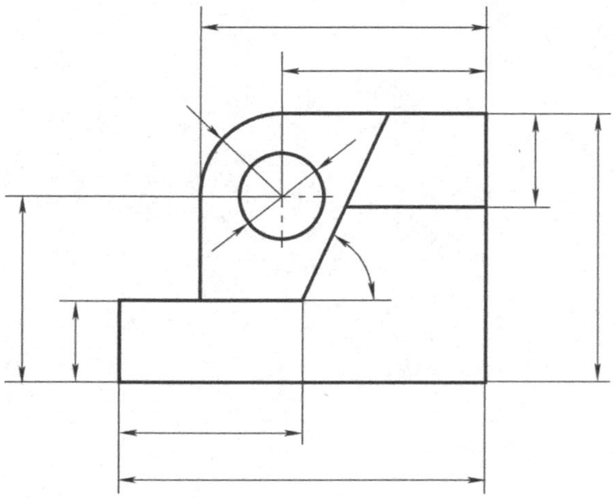

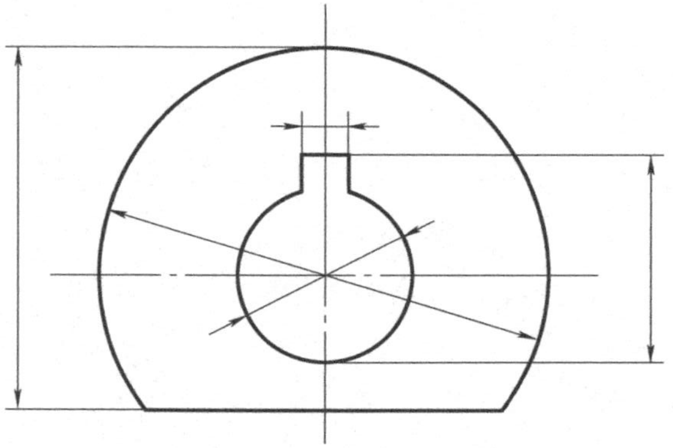

（2）补画尺寸线箭头，并填写尺寸数值（按 1∶1 在图上量，取整数）

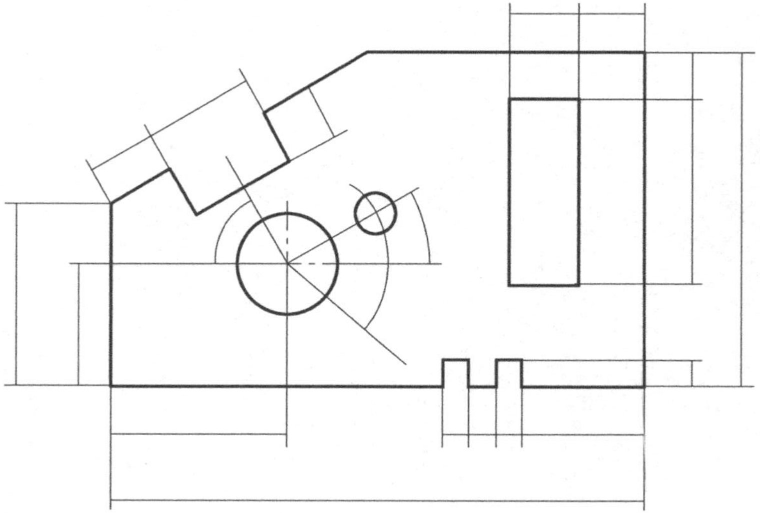

1.2 常用几何图形的画法

1. 参照以下图形，以 1∶2 的比例画出图形，并标注尺寸

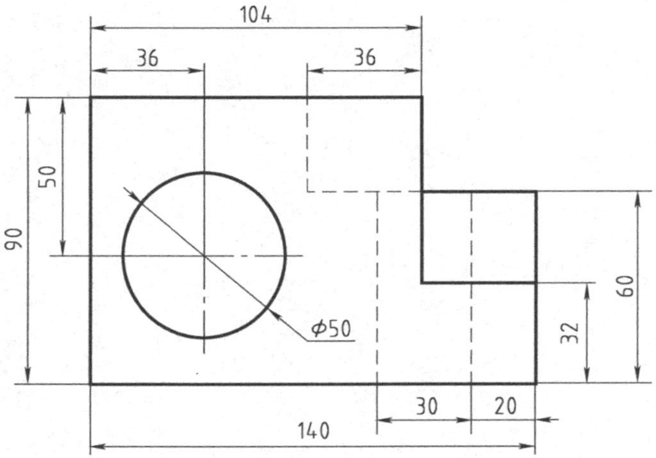

2. 参照以下图形，以 1∶1 的比例在指定位置处画出图形，并标注尺寸

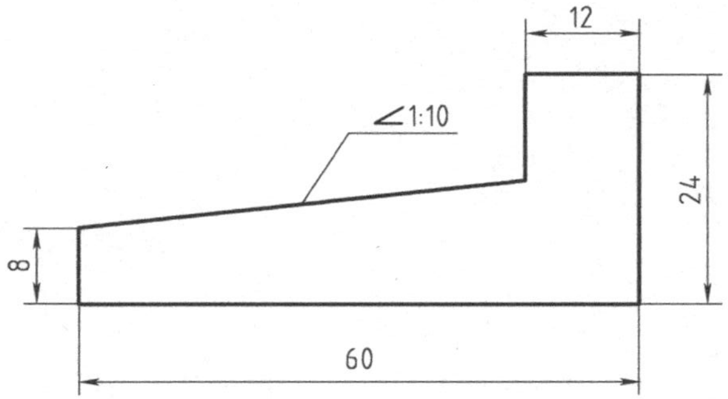

3. 参照以下图形，以 1:1 的比例在指定位置处绘制图形，并标注尺寸

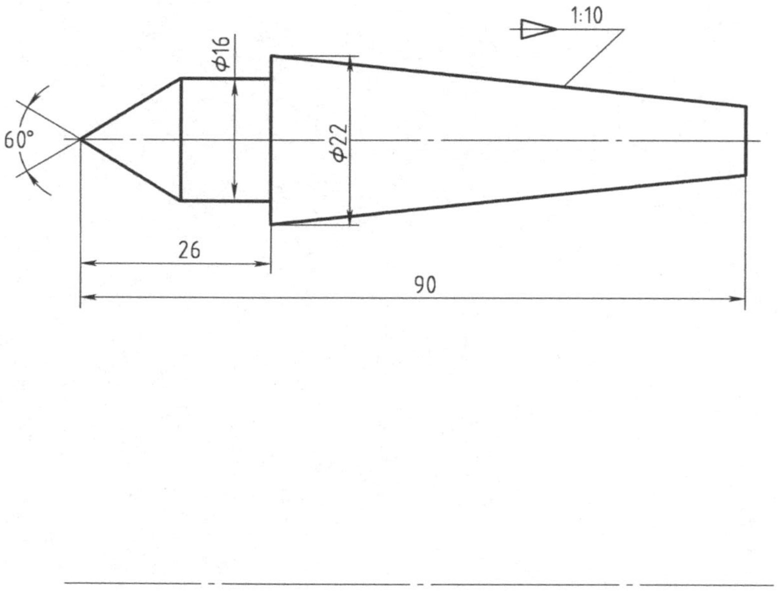

4. 按左上角的图例完成下图

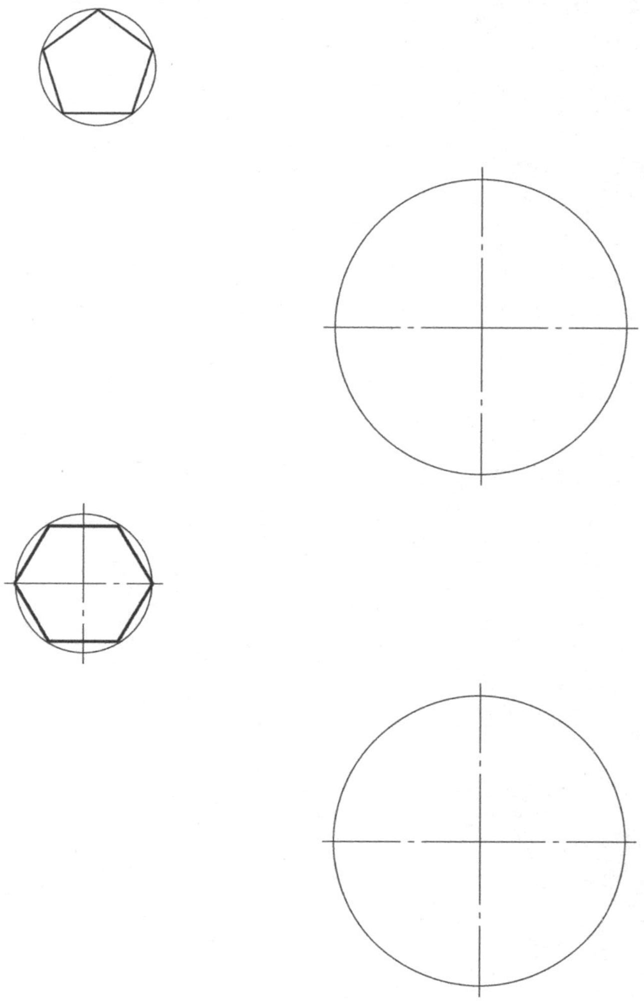

5. 圆弧连接训练：按 1∶1 比例抄画下图

（1）

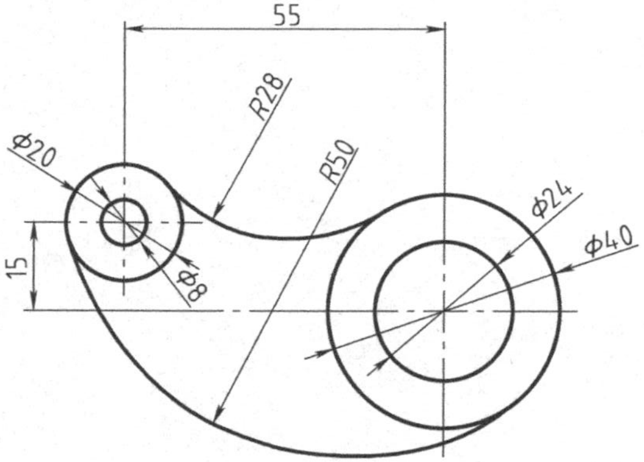

（2）

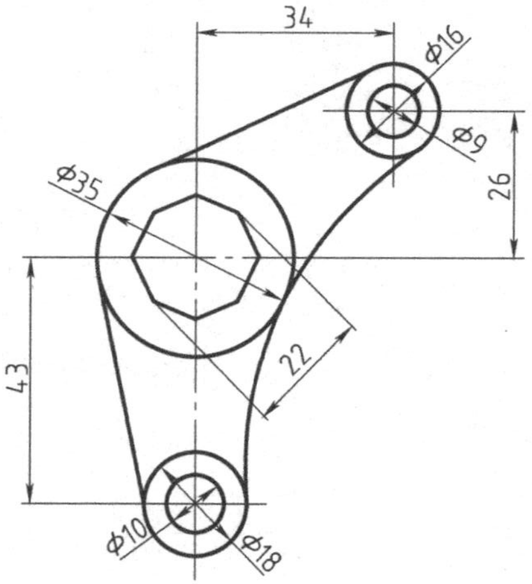

班级__________ 学号__________ 姓名__________ 成绩__________

(3)

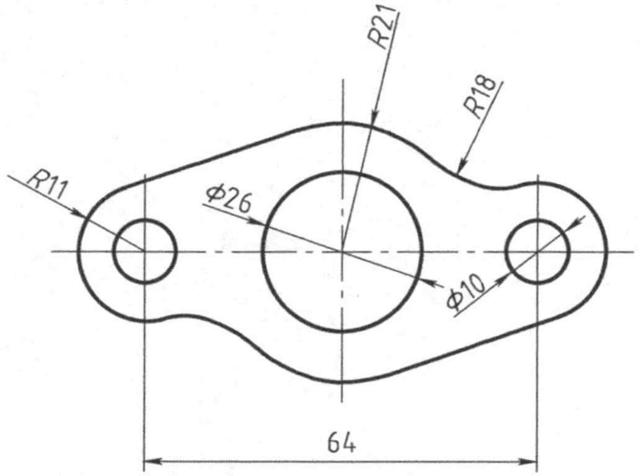

(4)

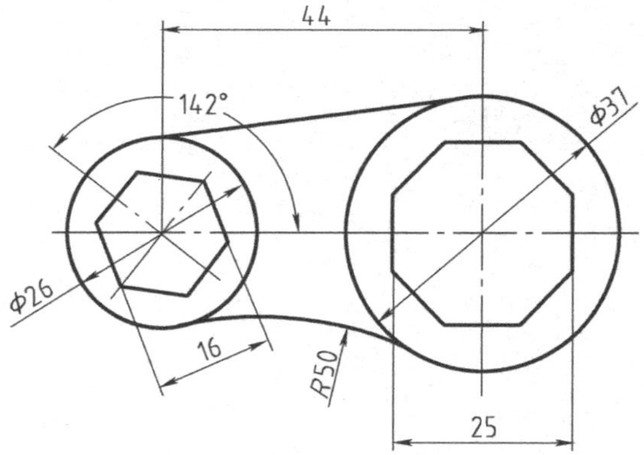

班级＿＿＿＿＿ 学号＿＿＿＿＿ 姓名＿＿＿＿＿ 成绩＿＿＿＿＿

1.3 平面图形的绘制方法

一、内容

抄画平面图形。

二、要求

1）布图匀称。

2）作图准确。

3）图面清晰、整洁，符合国家标准。图线粗细分明、均匀一致、尺寸数字及箭头大小一致。

4）正确使用绘图仪器。

三、作图步骤及注意事项

1）固定图纸，布置图面，作定位线。

2）按线段分析确定作图顺序，用铅笔轻轻地作出底稿。作图时，线段的长短应尽量按所标注尺寸一次画出，量尺寸应使用分规。需要通过作图来确定的线段，作图时按估计位置略长一点画出，准确定位后及时擦去多余线条。

3）标注尺寸。合理选择尺寸数字的大小。

4）检查描深。描深之前一定要仔细检查，确认图形及尺寸都准确无误后，方可描深。描深时应按先细后粗、先圆后直、从上到下、从左到右的顺序依次进行。描深后粗实线宽约为0.5mm，细实线宽约为0.25mm。描深时各线段的起落要准确。为使圆弧线段和直线段的图线均匀一致，圆规的铅芯应比画直线的铅芯软一号。

5）填写标题栏。图名统一填写为圆弧连接。在其他相应栏内填写姓名、班级、学号、比例、日期等内容。

（1）

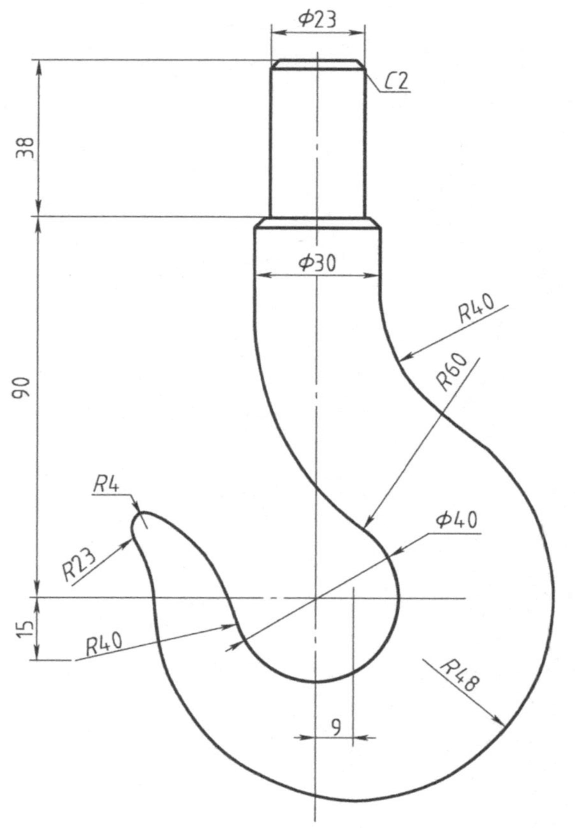

(2)

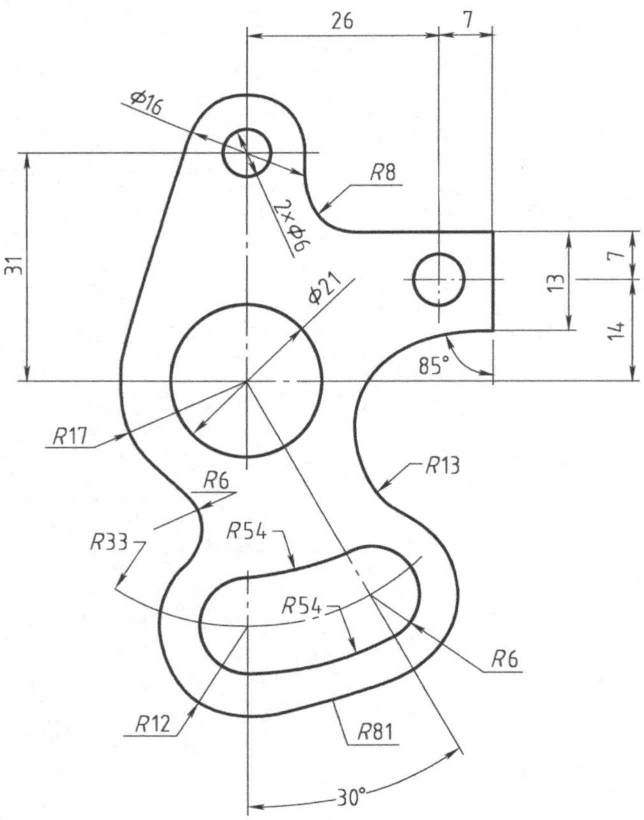
26
7
Φ16
R8
2×Φ6
31
13
7
14
Φ21
85°
R17
R13
R6
R33
R54
R54
R6
R12
R81
30°

(3)

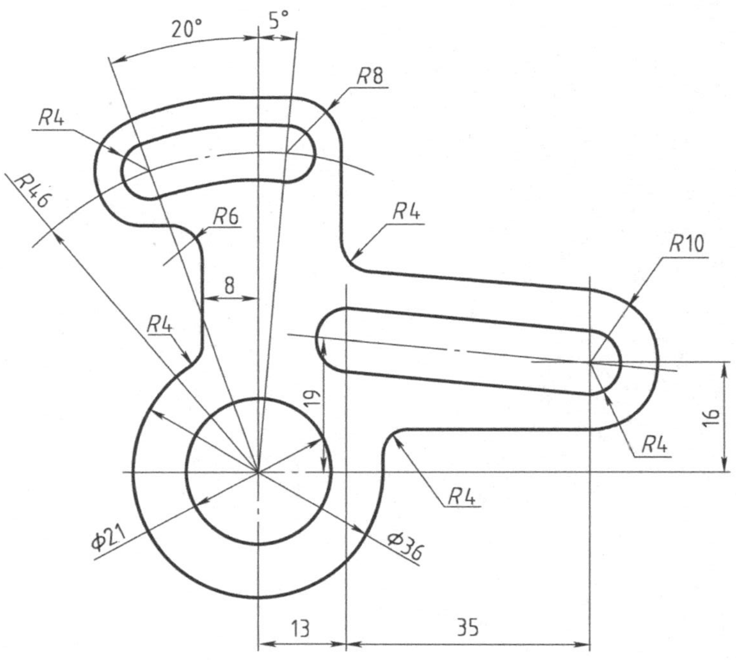
20°
5°
R8
R4
R46
R6
R4
R10
8
R4
19
16
R4
R4
Φ21
Φ36
13
35

第 2 章　基本体几何体三视图的绘制与识读

2.1　正投影法及三视图

1. 根据两视图，参照立体图补画所缺的第三视图

（1）

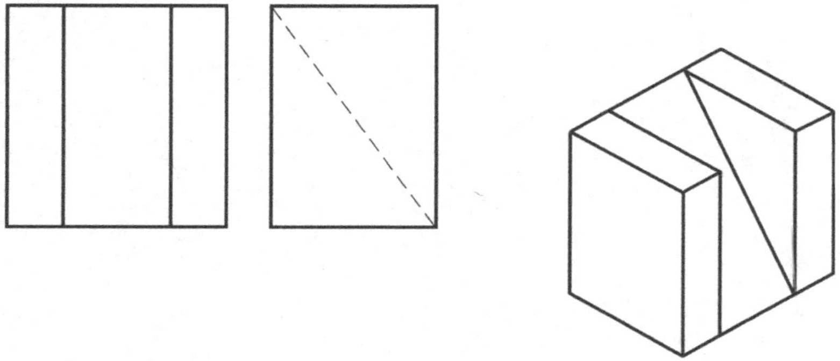

（2）

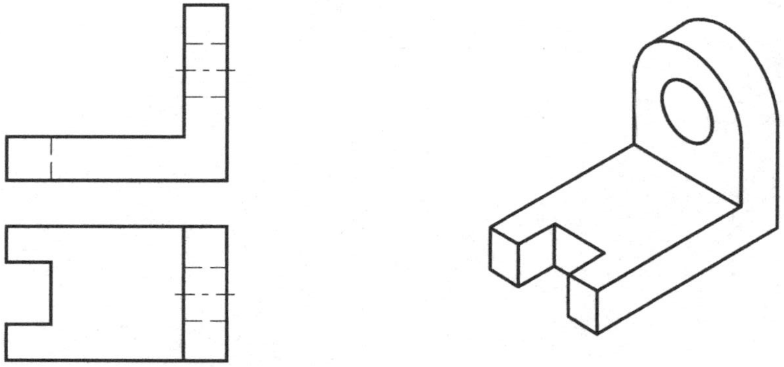

（3）

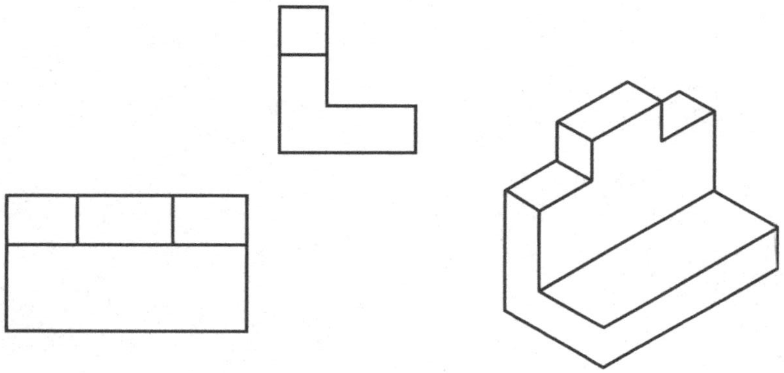

（4）

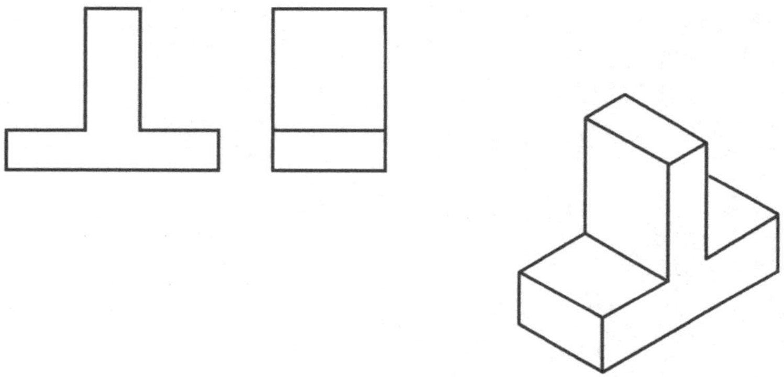

班级＿＿＿＿＿＿　学号＿＿＿＿＿＿　姓名＿＿＿＿＿＿　成绩＿＿＿＿＿＿

2. 根据立体图画三视图

（1）

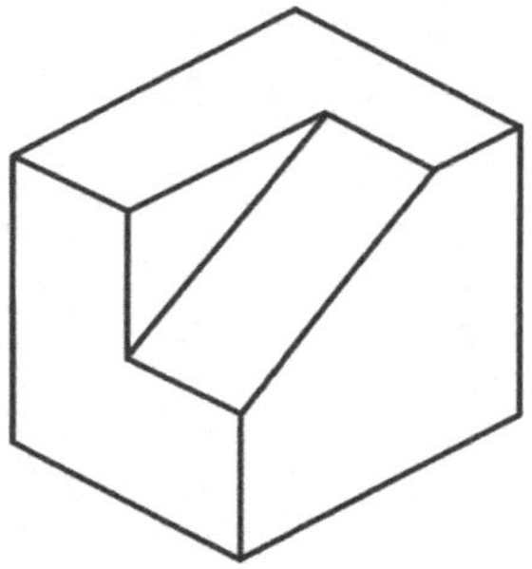

（2）

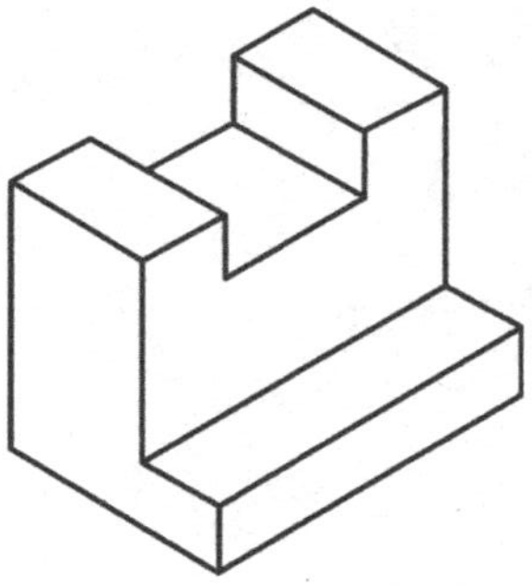

（3）

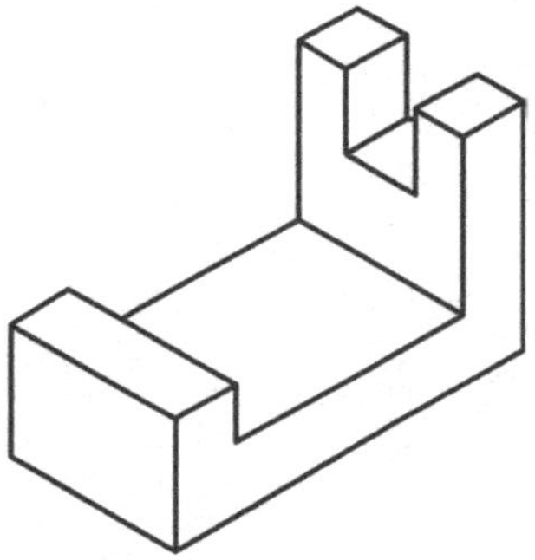

（4）

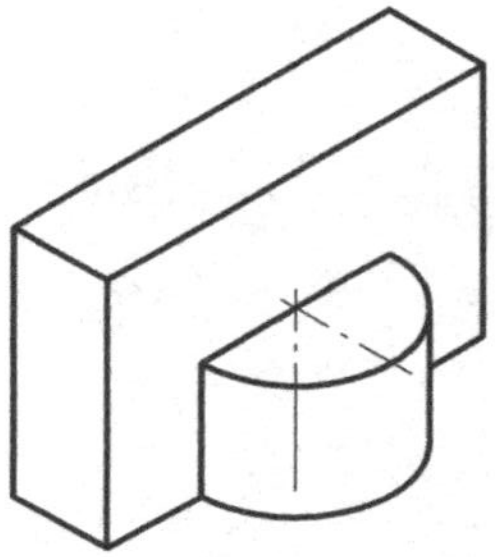

班级________ 学号________ 姓名________ 成绩________

2.2 点、直线、平面的投影

1. 按立体图作各点的三面投影

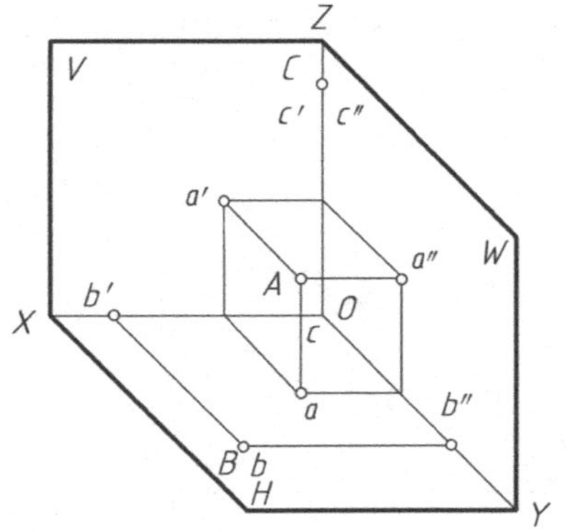

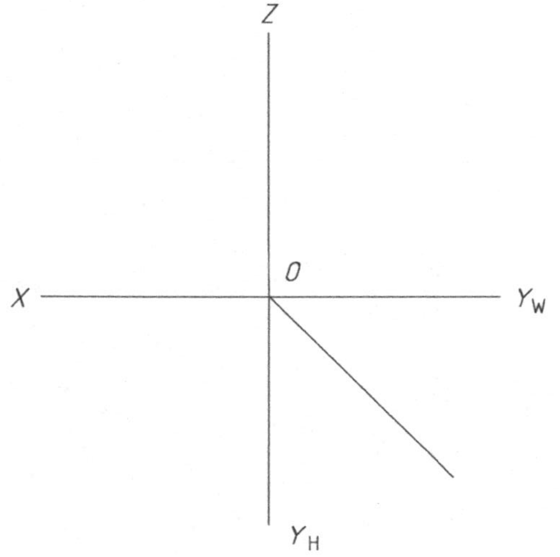

2. 已知 *A*（25，10，25），*B*（0，15，10），*C*（20，0，15），*D*（15，5，0）四点的坐标，求作四点的三面投影

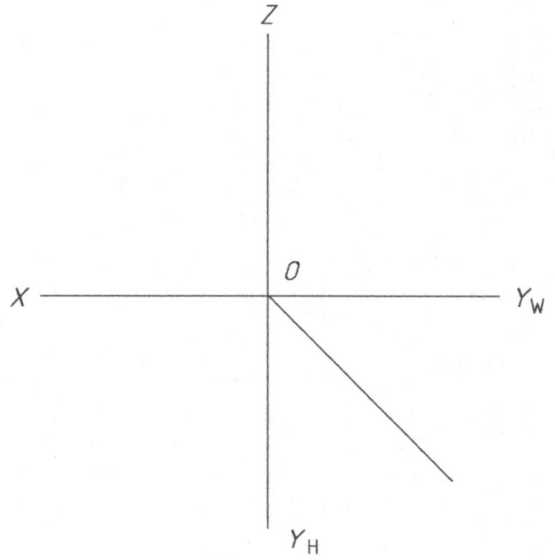

班级________ 学号________ 姓名________ 成绩________

3. 已知点的两面投影，求作它们的第三面投影

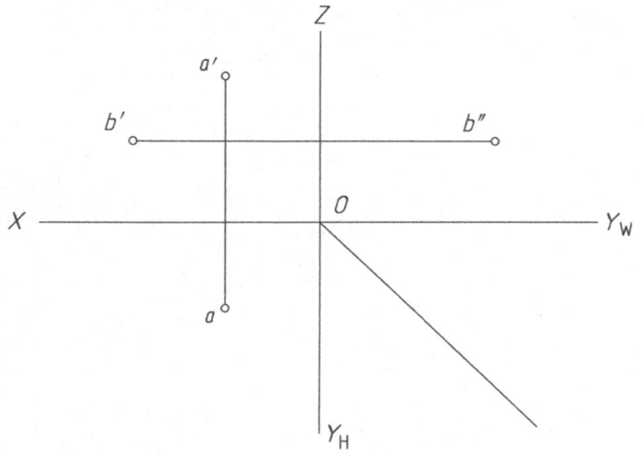

4. 已知 *A* 点距离 *V* 面为 10，距离 *H* 面为 15，距离 *W* 面为 5；*B* 点距离 *H* 面为 10，距离 *W* 面为 15，距离 *V* 面为 5，求作 *A*、*B* 两点的三面投影

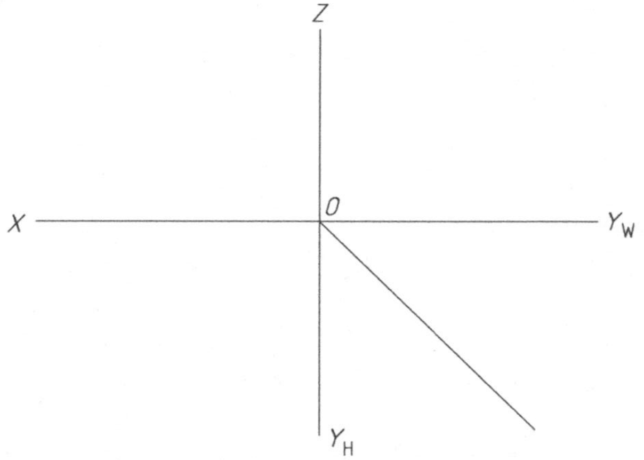

5. 作各点的三面投影：*A*（25，15，20），*B*（20，10，15），点 *C* 在点 *A* 之左 10，*A* 之前 15，*A* 之上 12

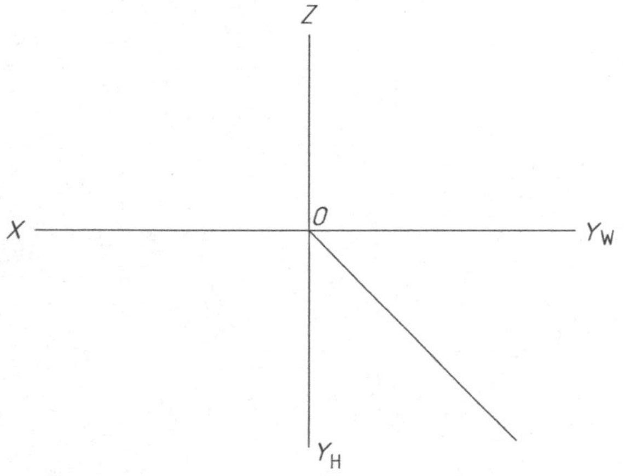

6. 已知点 *B* 距离点 *A* 为 15；点 *C* 与点 *A* 是 *V* 面的重影点；点 *D* 在 *A* 的正下方 20，补全各点的三面投影，并表明可见性

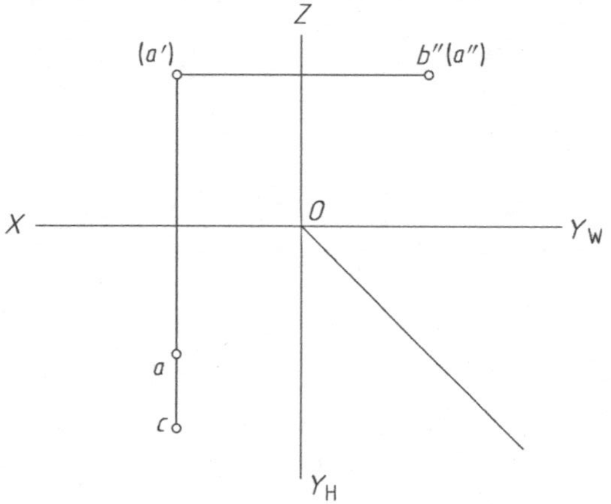

7. 补画直线的第三投影，并判断其相对投影面的位置

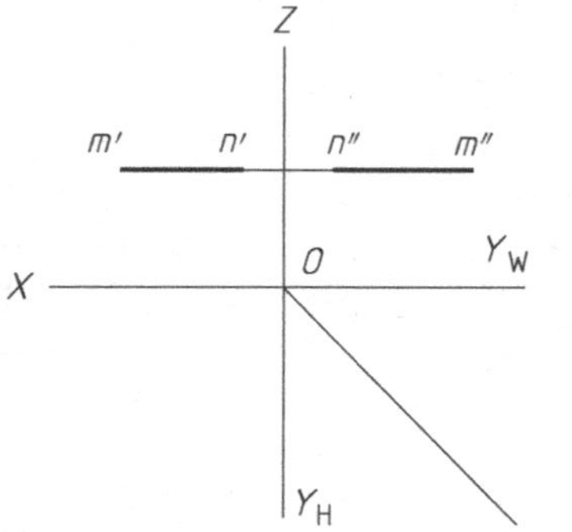

MN是____________线

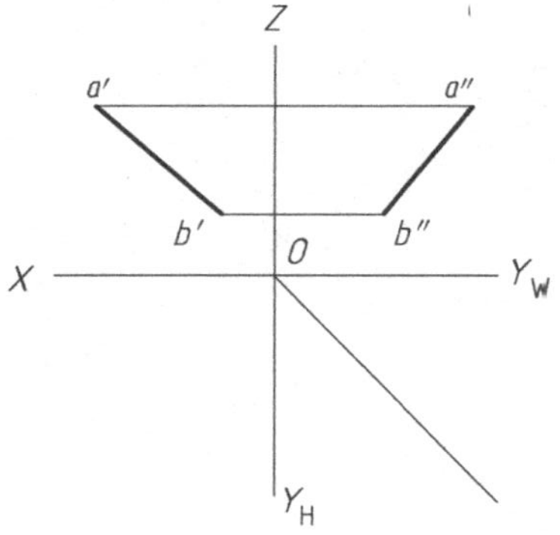

AB是____________线

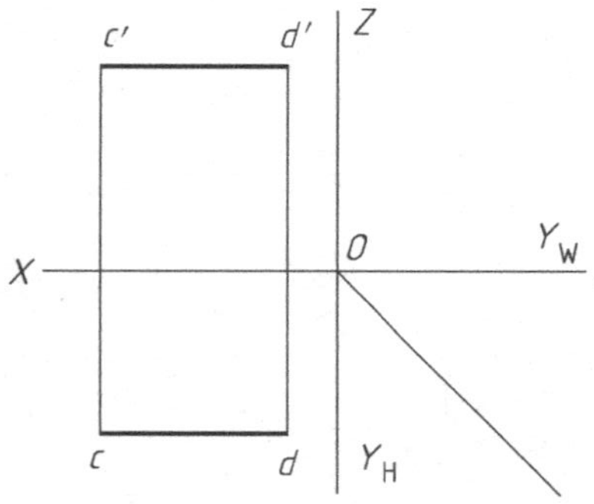

CD是____________线

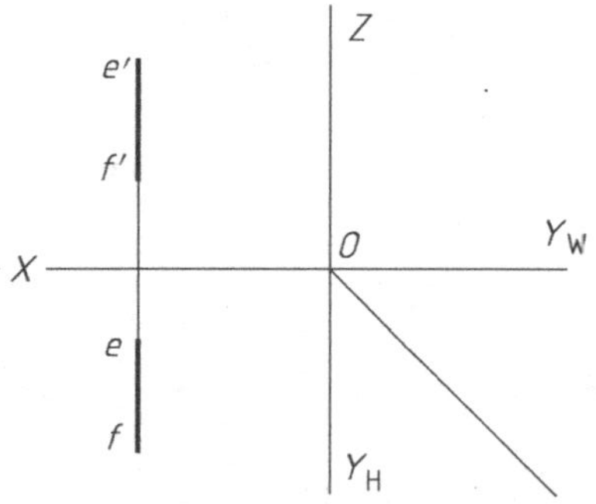

EF是____________线

8. 试判断点 *K* 是否在直线 *AB* 上，点 *M* 是否在直线 *CD* 上

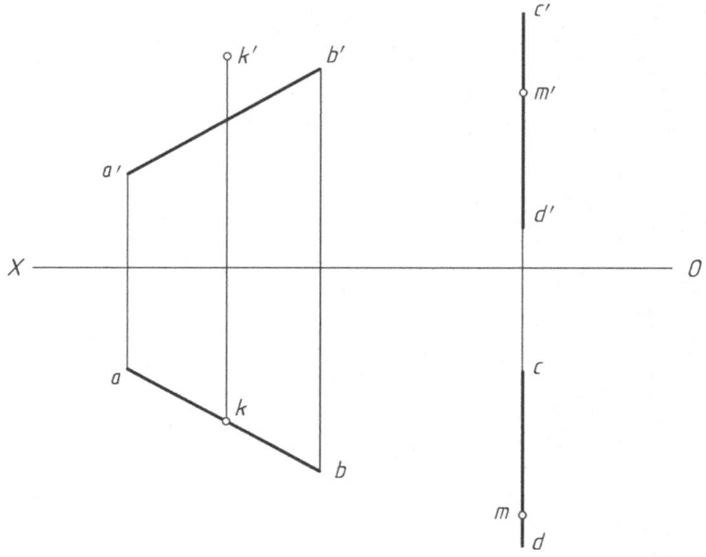

9. 过点 *M* 作直线 *MK* 与直线 *AB* 平行并与直线 *CD* 相交

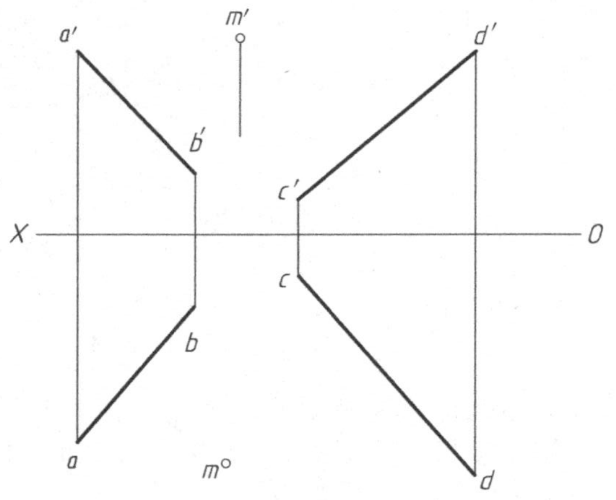

10. 根据两面投影，求平面的第三面投影，并判断平面的空间位置

（1）

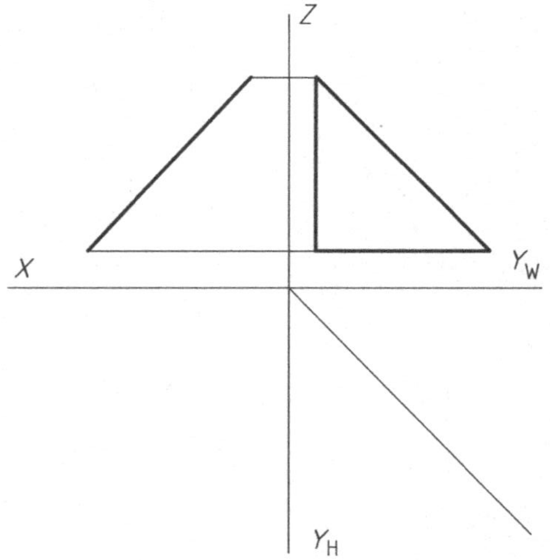

（2）

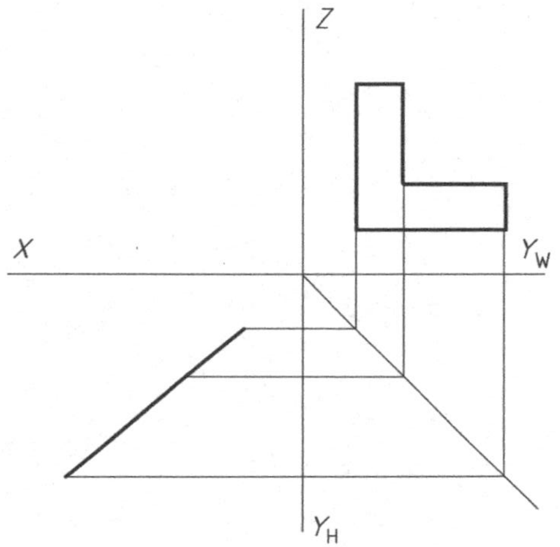

（3）

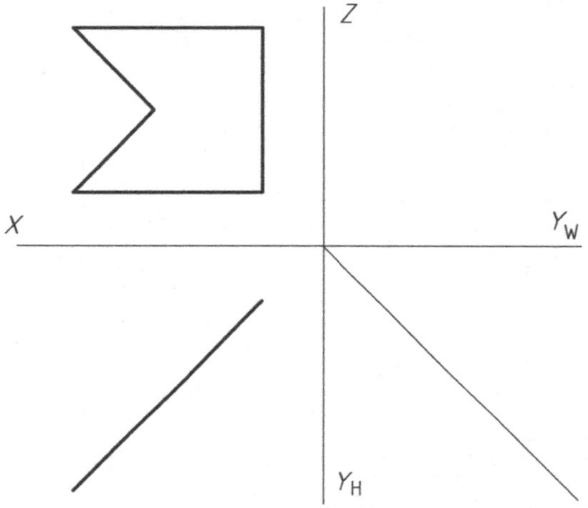

班级__________ 学号__________ 姓名__________ 成绩__________

（4）

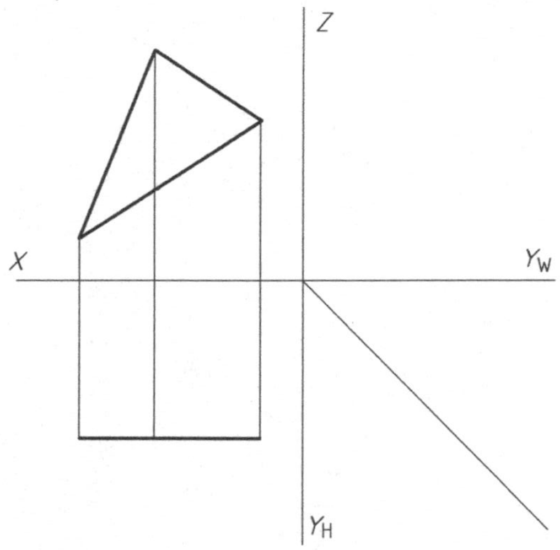

（5）

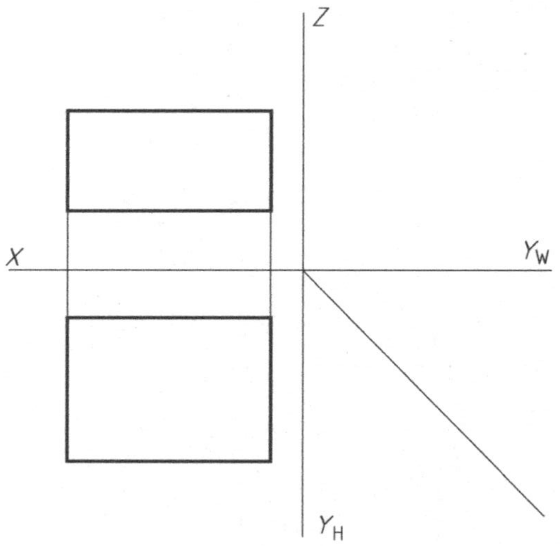

（6）

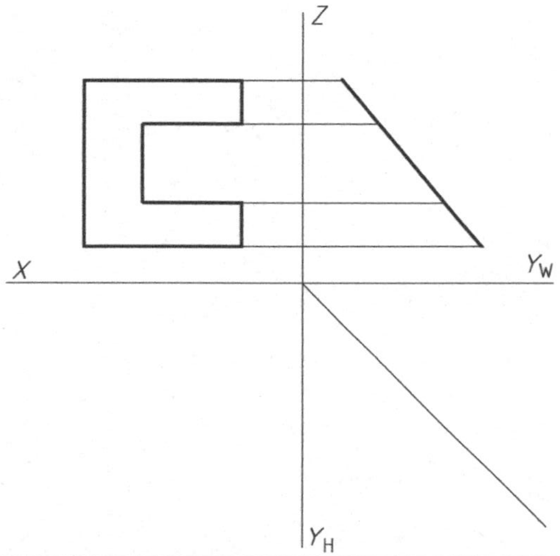

11. 四棱柱的前端面为一侧垂面，底部开有通槽，试完成该棱柱的 *H* 面投影

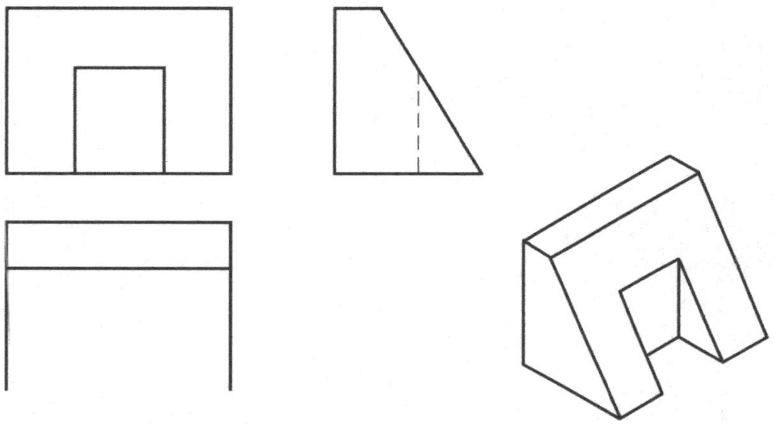

12. 参照立体图，标注 *A*、*B*、*C* 面在另两视图中的投影，并填空

（1）

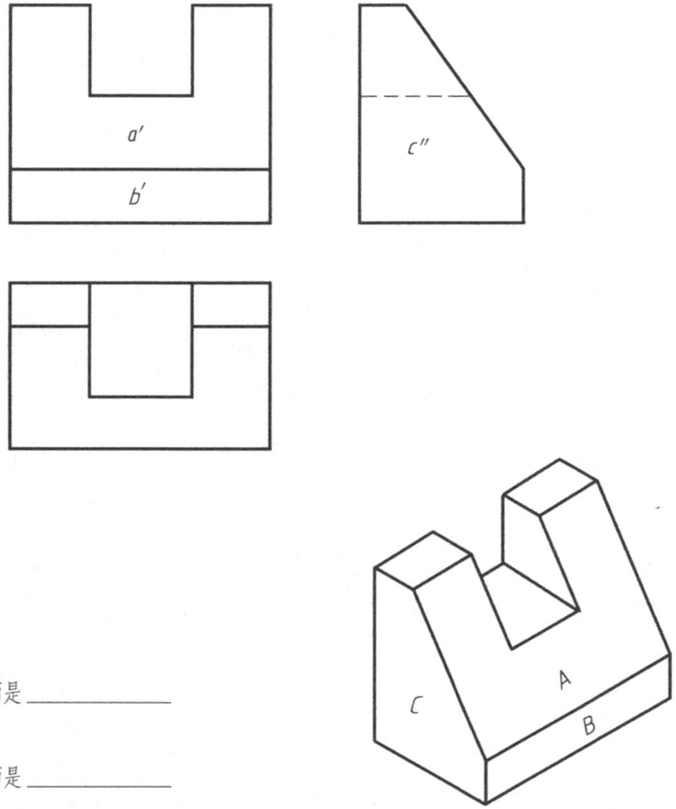

A 面是________

B 面是________

C 面是________

（2）

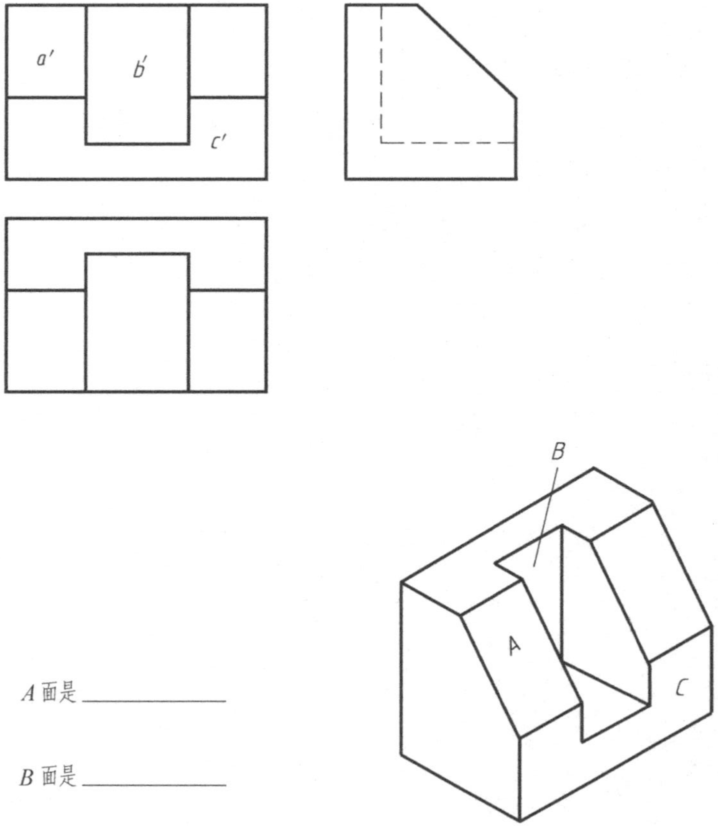

A 面是________

B 面是________

C 面是________

班级________ 学号________ 姓名________ 成绩________

(3)

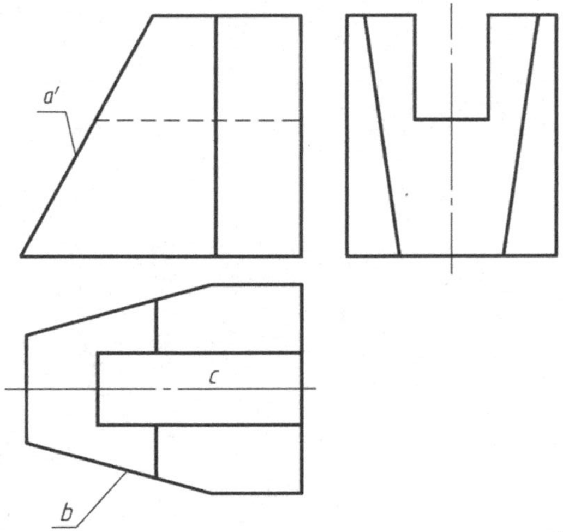

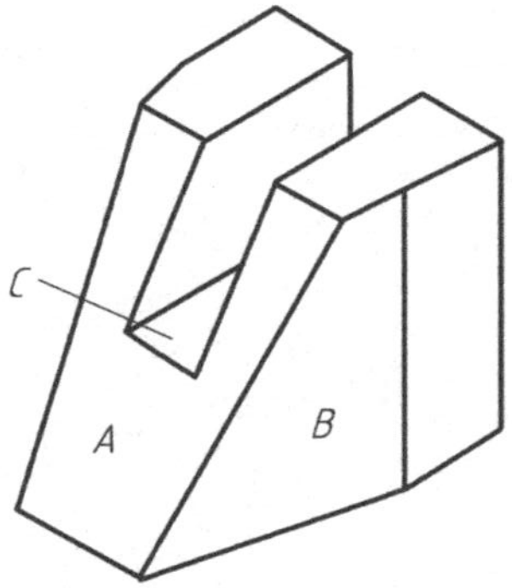

A 面是____________

B 面是____________

C 面是____________

(4)

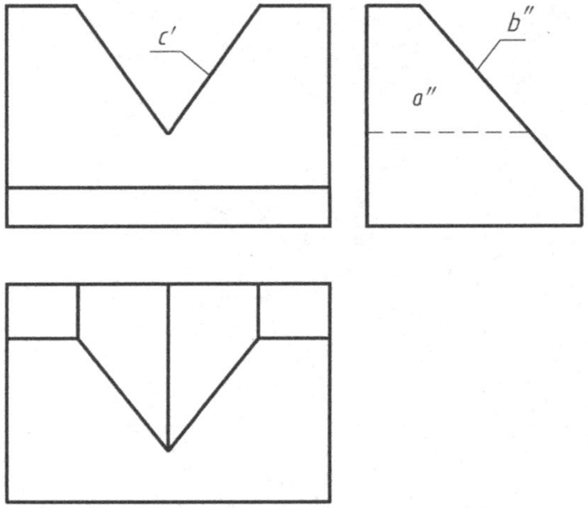

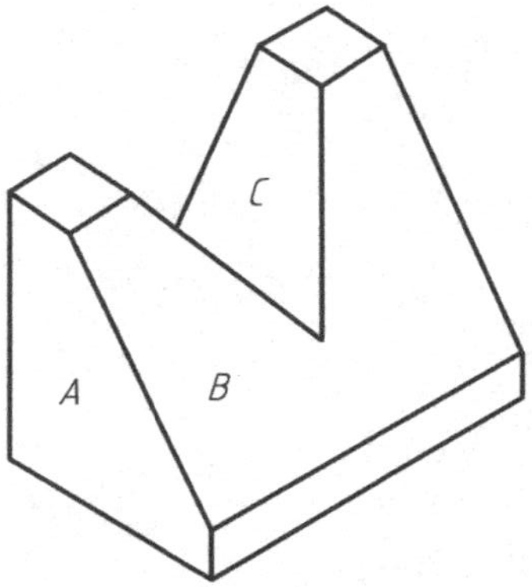

A 面是____________

B 面是____________

C 面是____________

2.3　平面体及平面切割体三视图的绘制与识读

1. 补充平面立体的第三视图，并求表面点的第三投影

（1）

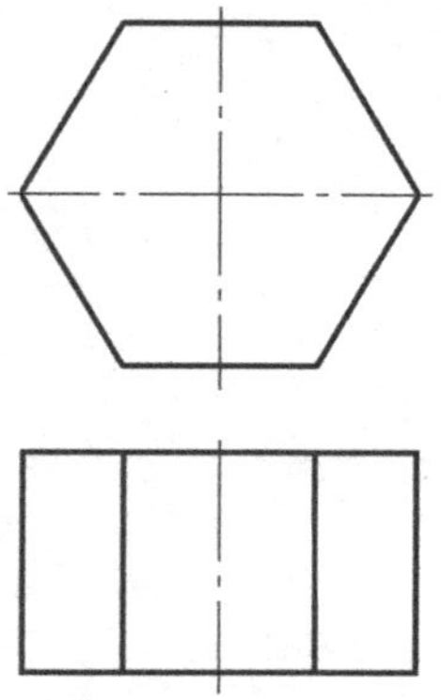

（2）

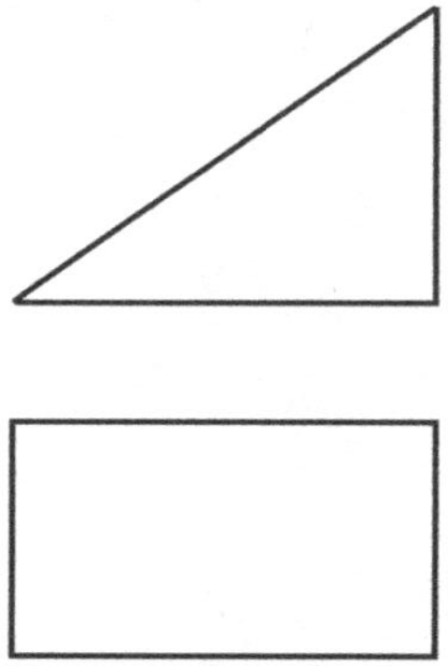

（3）

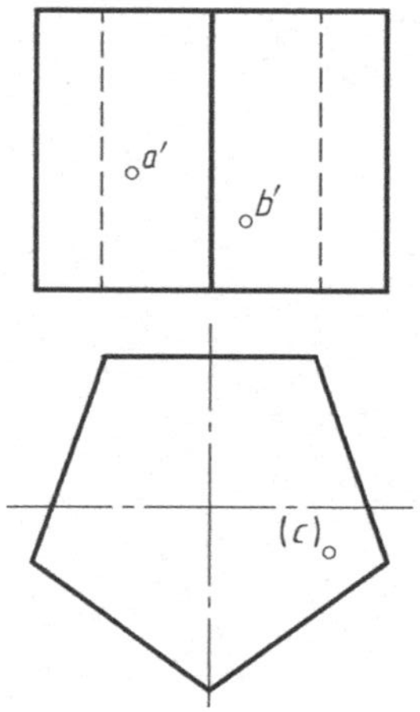

（4）

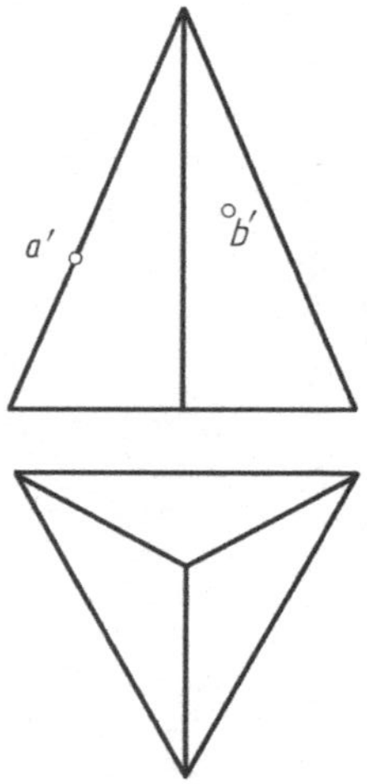

2. 补全平面立体被截切后的三面投影

(1)

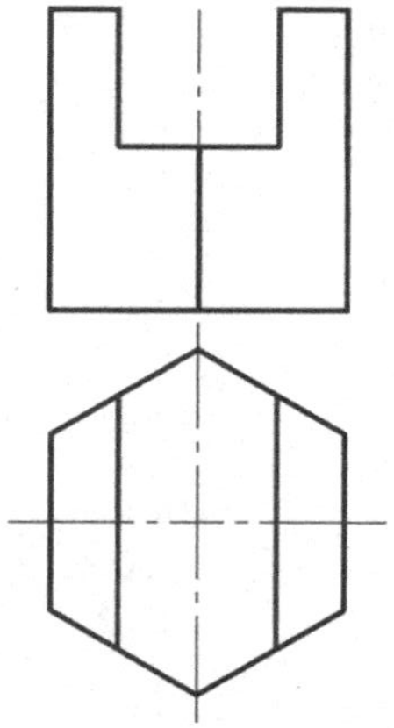

(2)

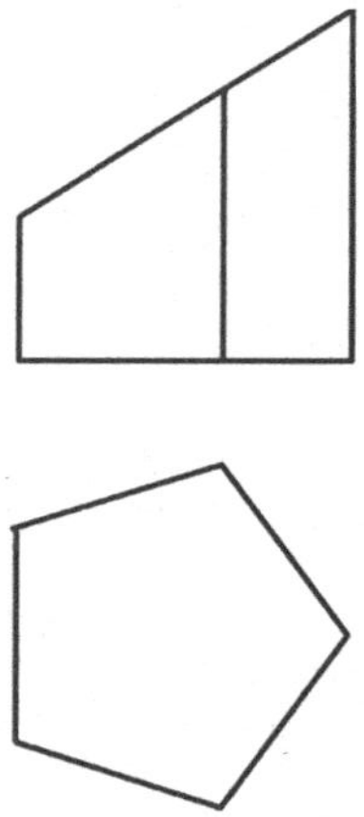

(3)

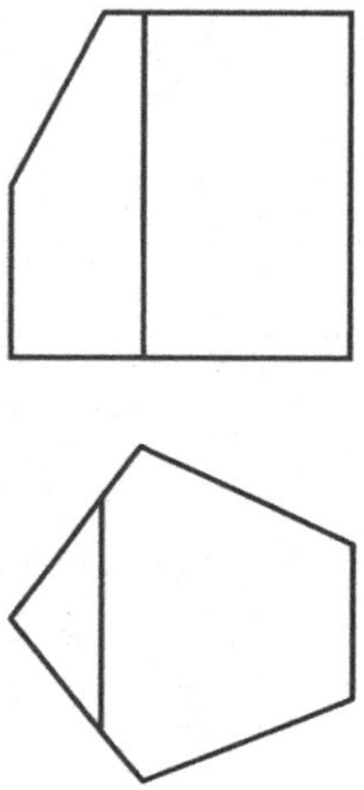

(4)

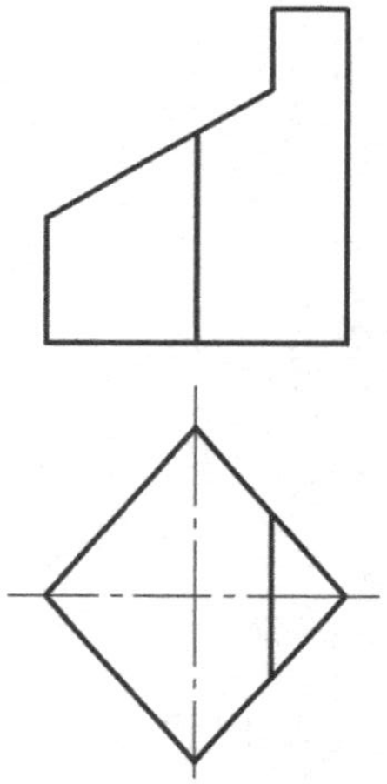

（5）

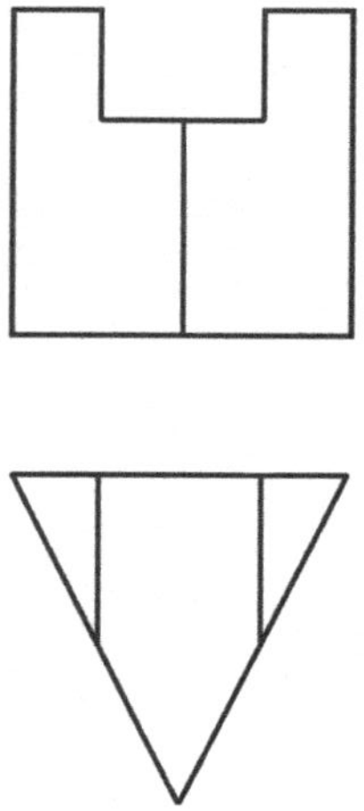

（6）

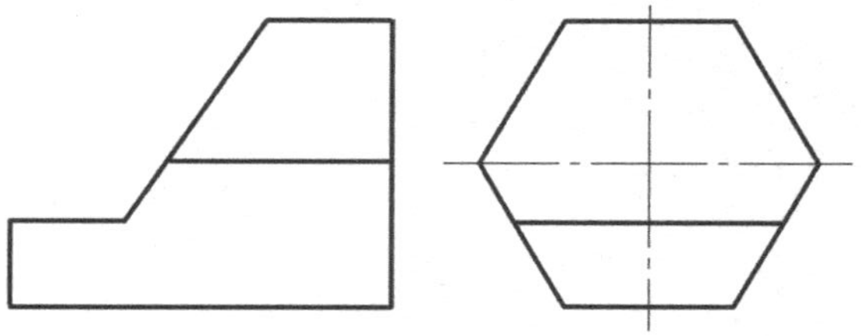

（7）

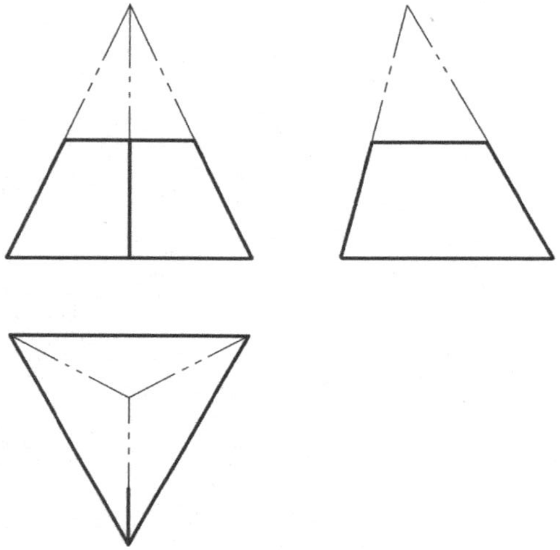

（8）

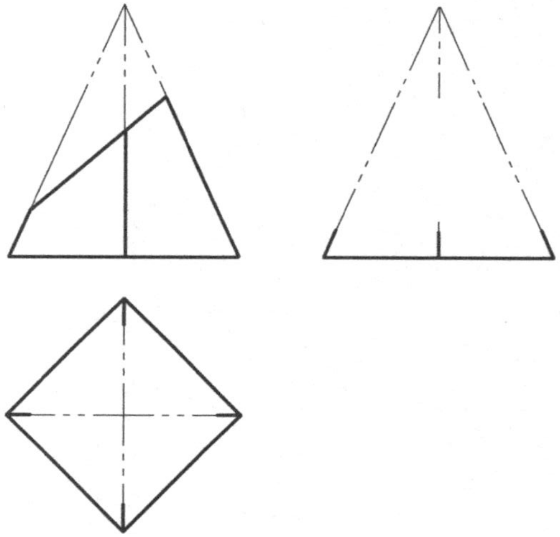

(9)

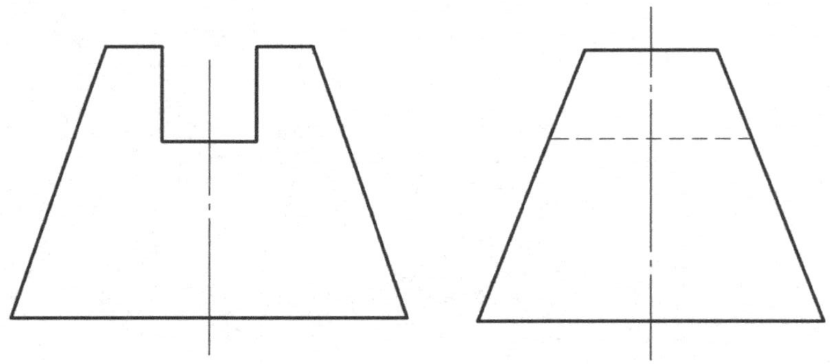

(10)

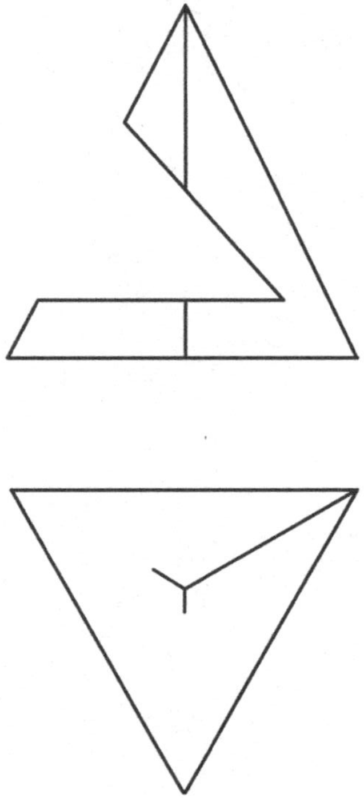

2.4 曲面体及曲面切割体三视图的绘制与识读

1. 求作立体表面点的另外两个投影

（1）

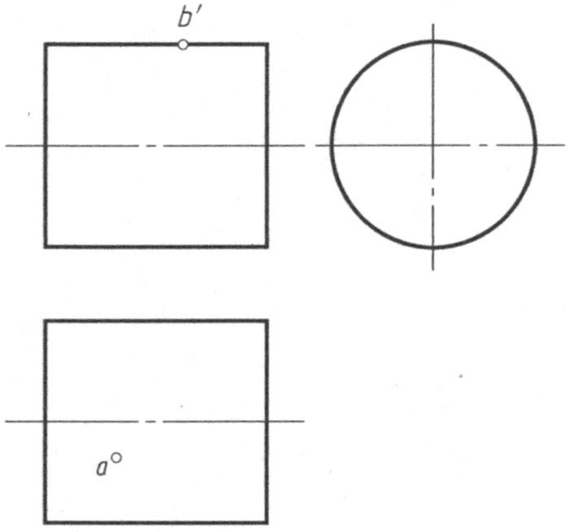

（2）

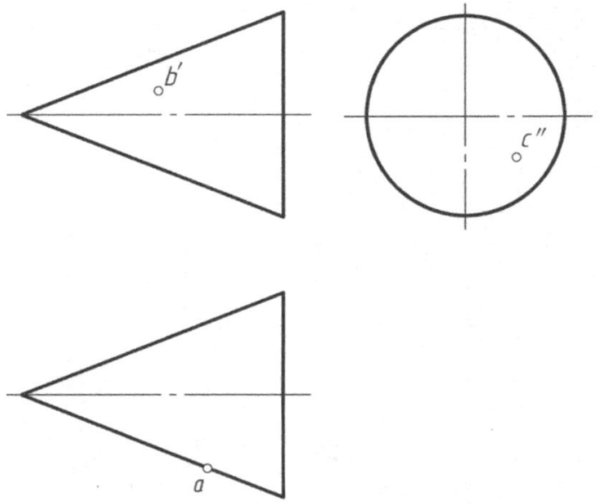

（3）

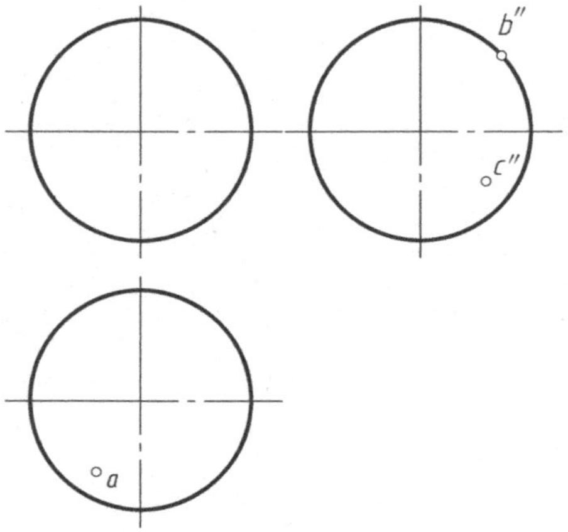

（4）

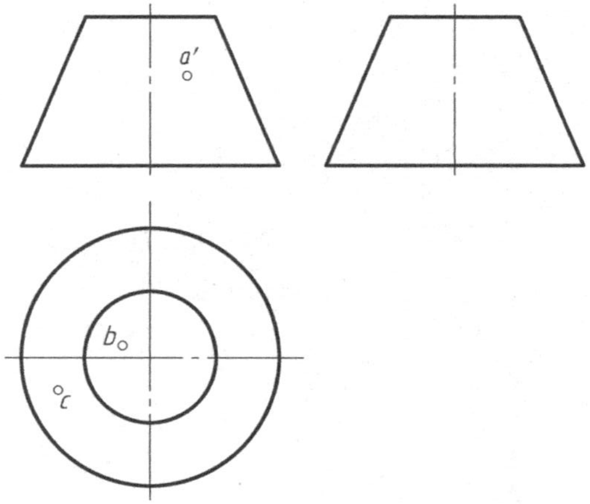

2. 补全已知视图中所缺图线，补画第三视图

(1)

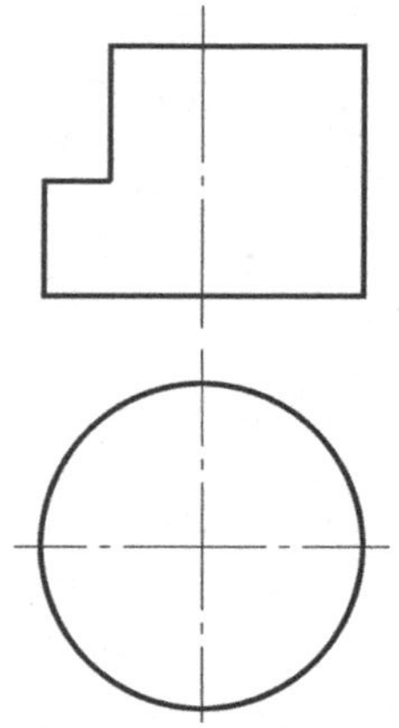

(2)

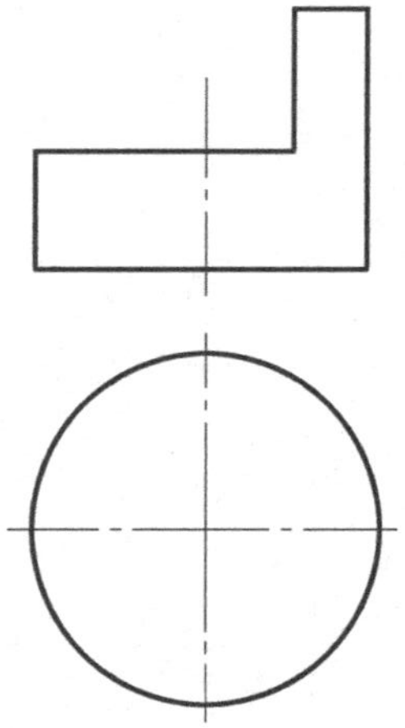

(3)

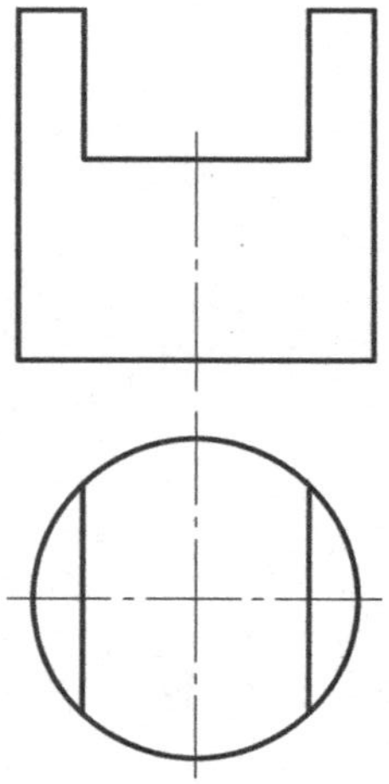

(4)

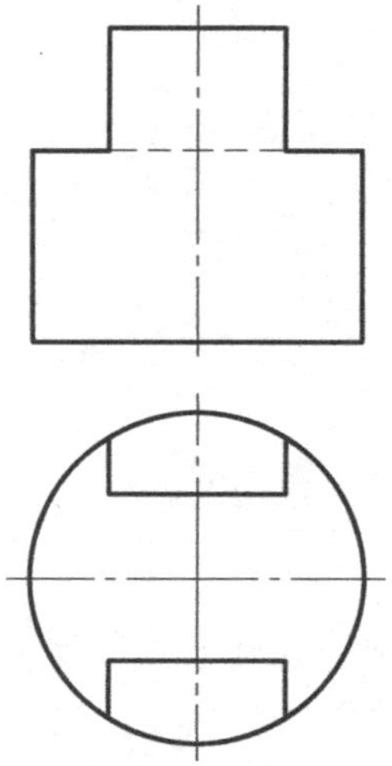

班级______ 学号______ 姓名______ 成绩______

(5)

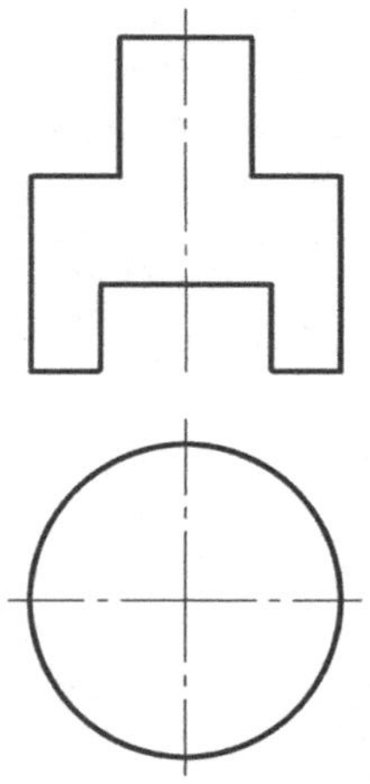

(6)

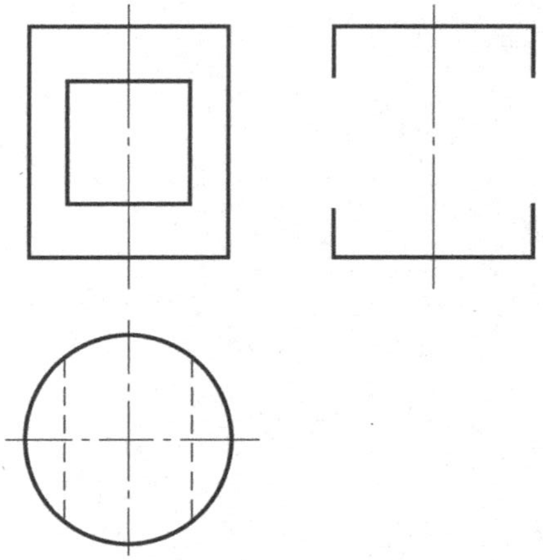

(7)

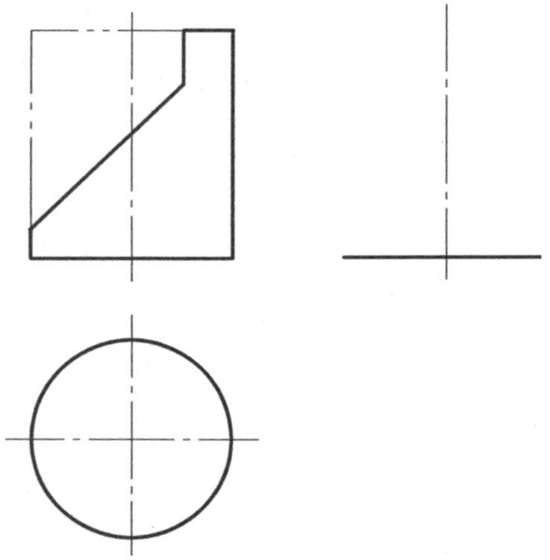

(8)

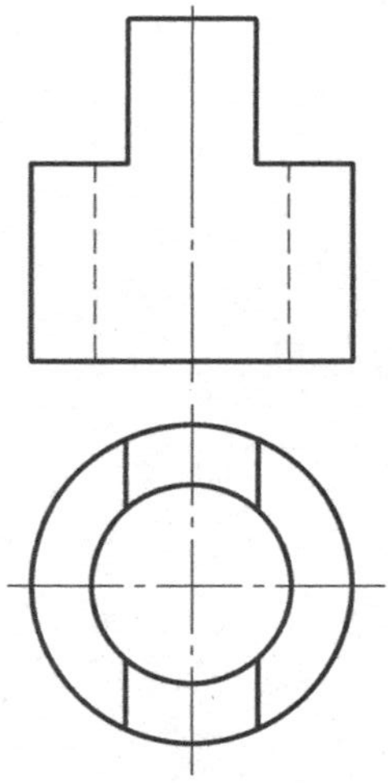

班级__________ 学号__________ 姓名__________ 成绩__________

(9)

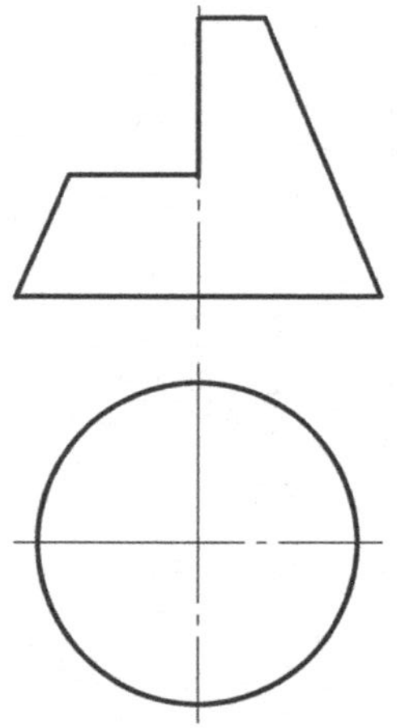

(10)

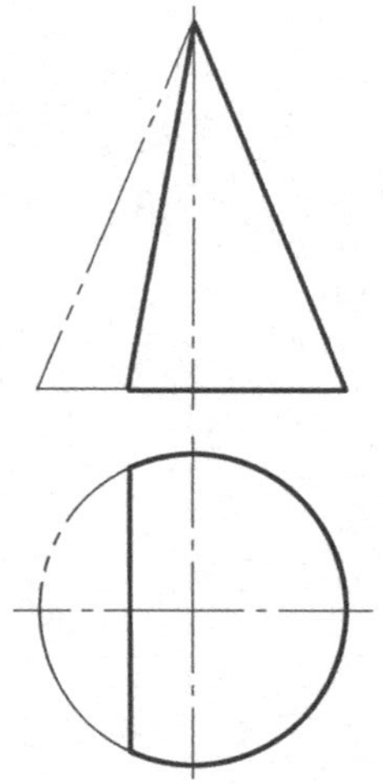

(11)

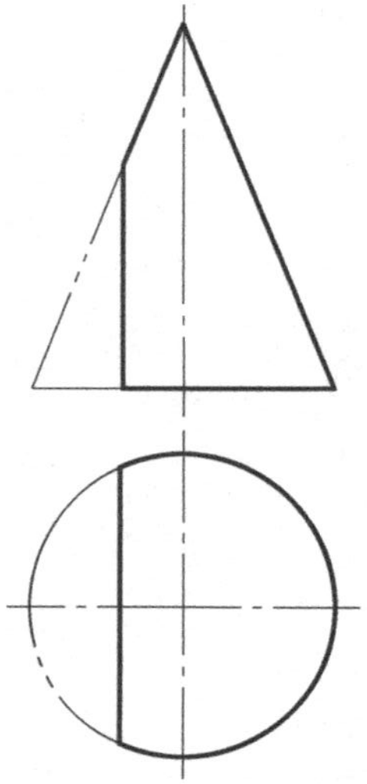

(12)

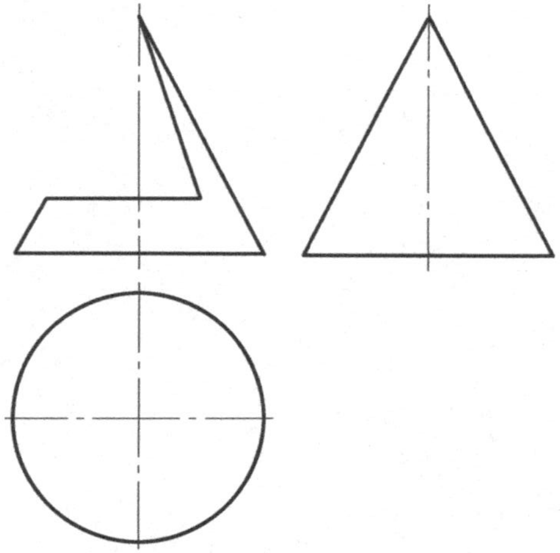

班级__________ 学号__________ 姓名__________ 成绩__________

(13)

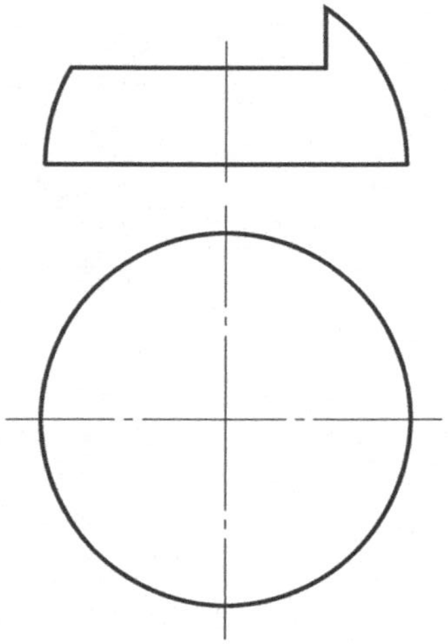

(14)

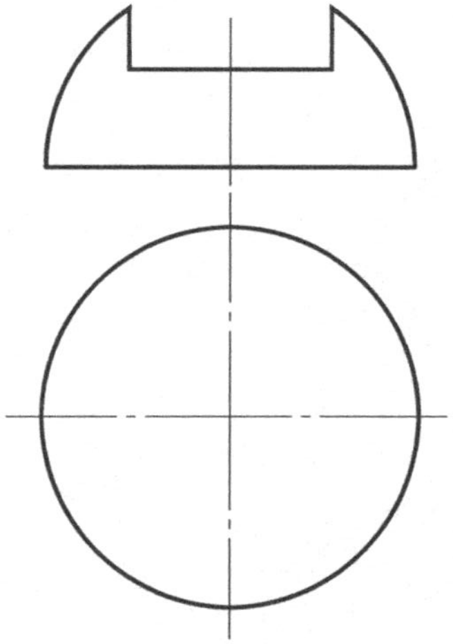

(15)

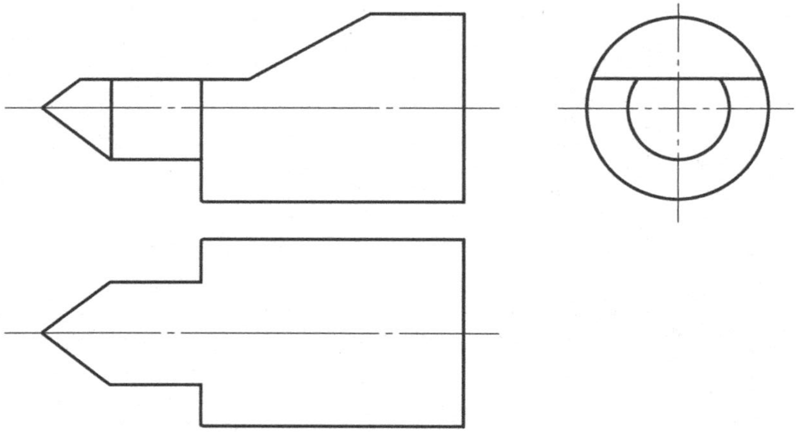

班级__________ 学号__________ 姓名__________ 成绩__________

2.5 相交两基本体的投影

1. 分析下列各曲面立体的相贯线，并补全各面投影

（1）

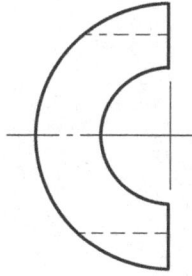

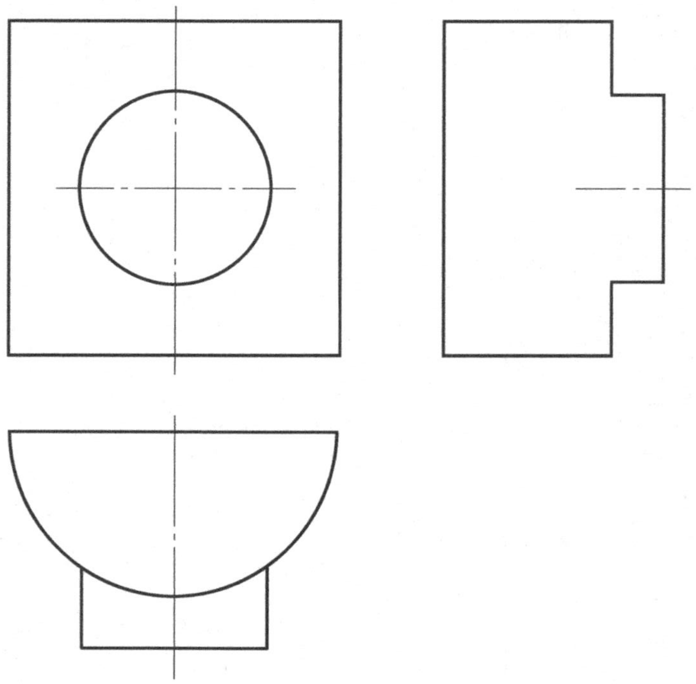

（2）

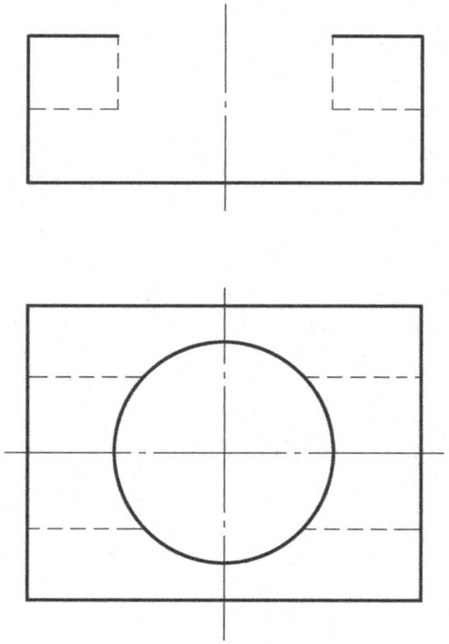

班级__________ 学号__________ 姓名__________ 成绩__________

(3)

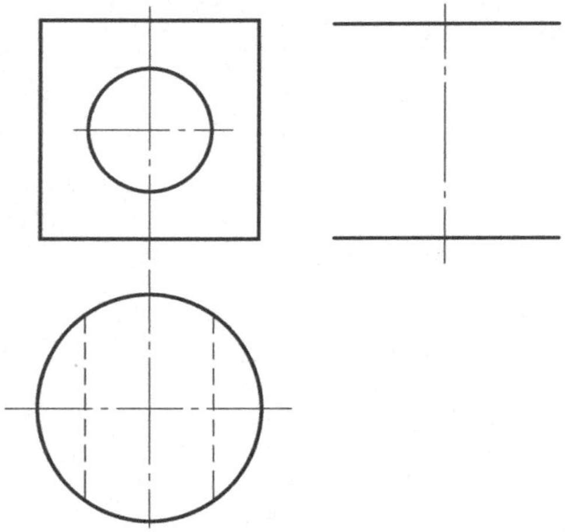

(4)

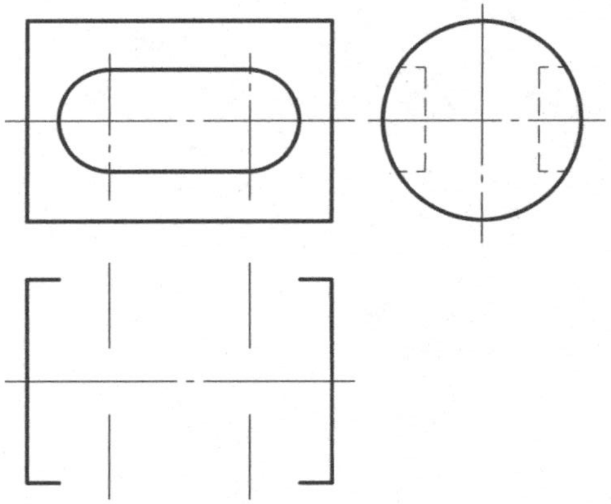

(5)

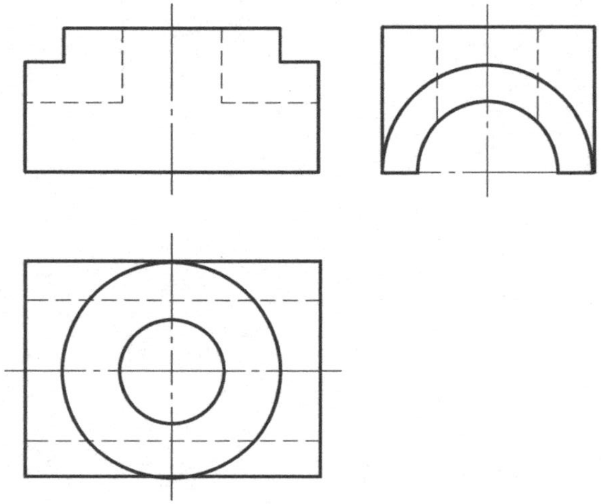

(6)

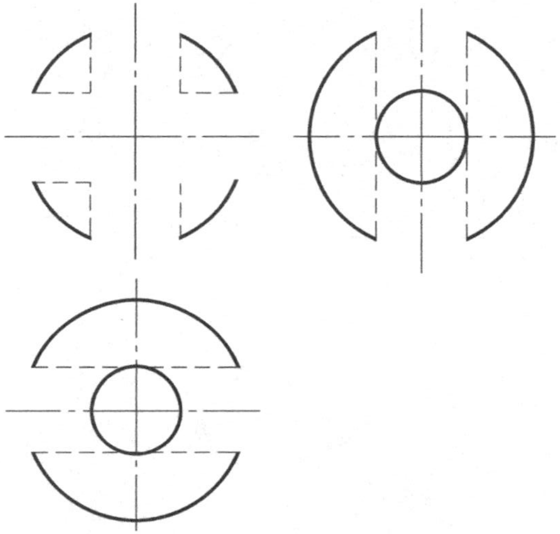

第3章　组合体视图的绘制与识读

3.1　组合体三视图的绘制

1. 补画下列组合体表面交线

（1）

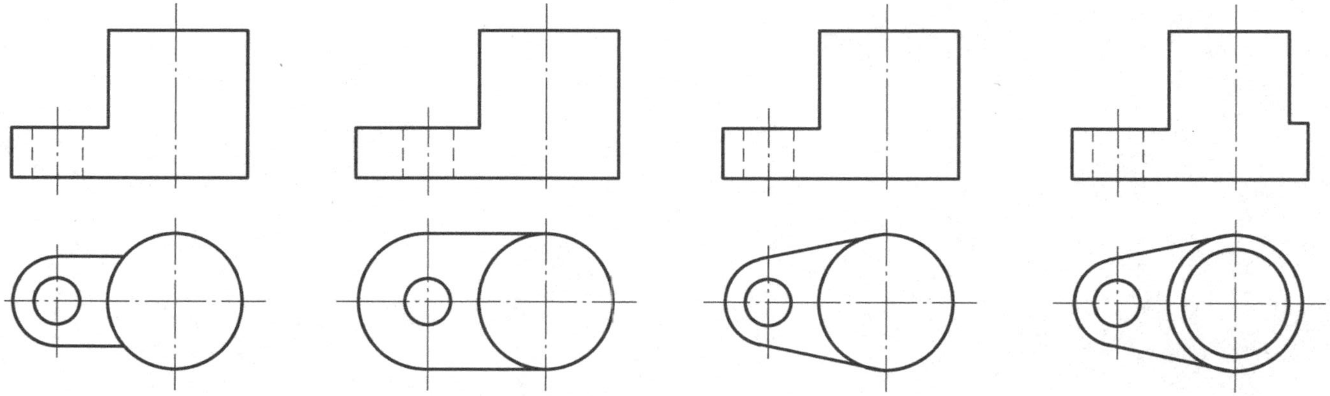

（2）

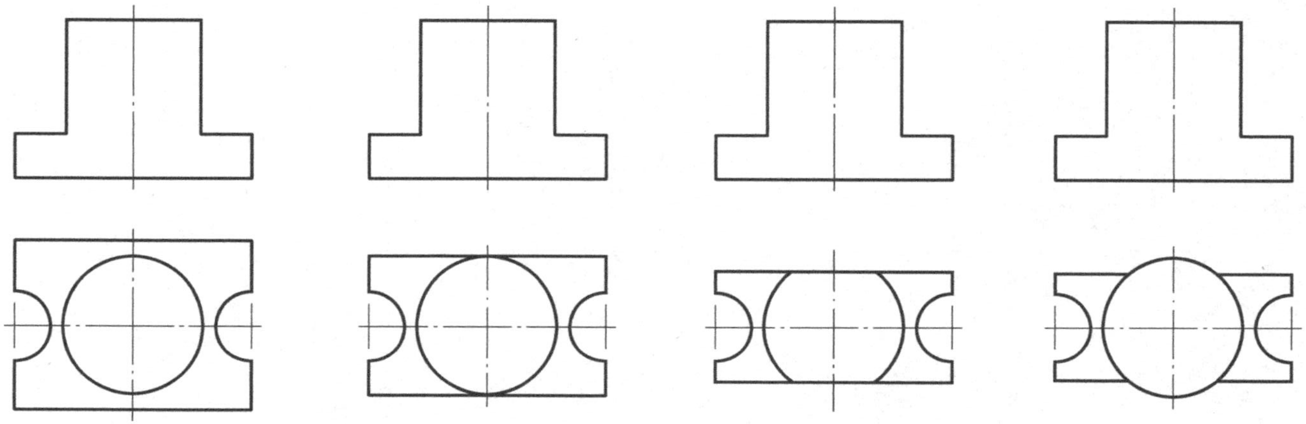

2. 根据立体图画三视图，尺寸在图中量取

（1）

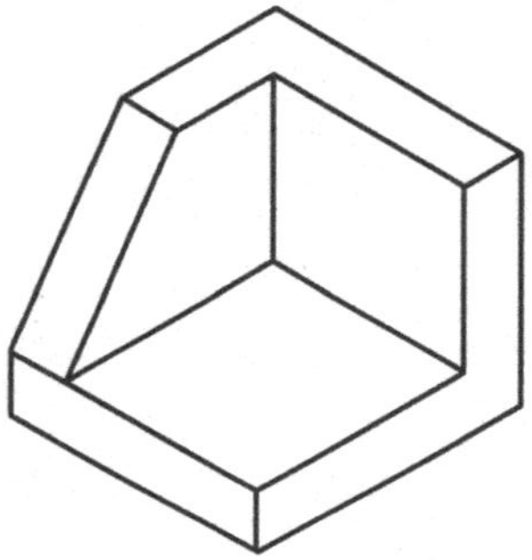

（2）

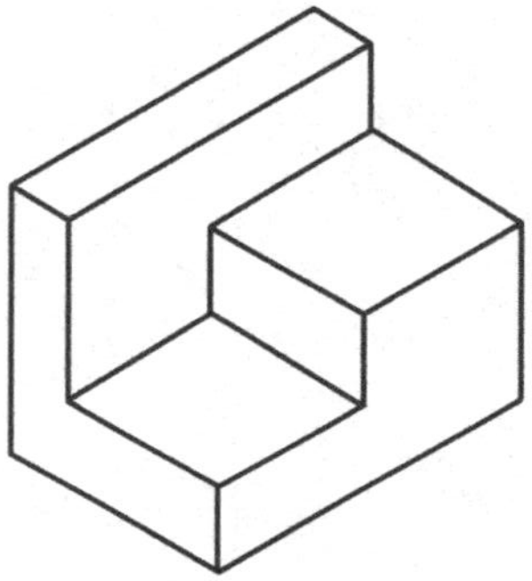

班级__________ 学号__________ 姓名__________ 成绩__________

(3)

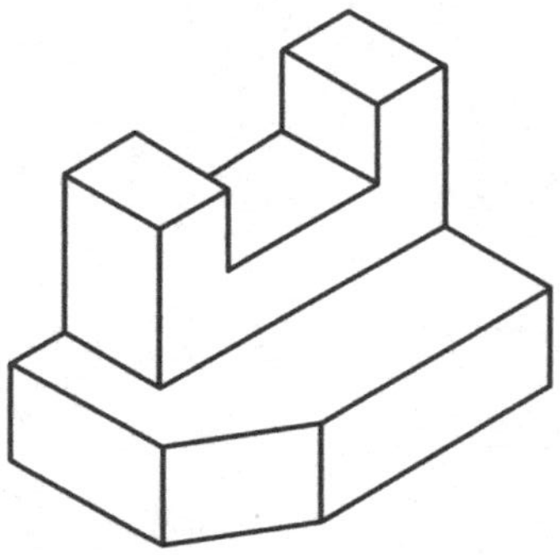

(4)

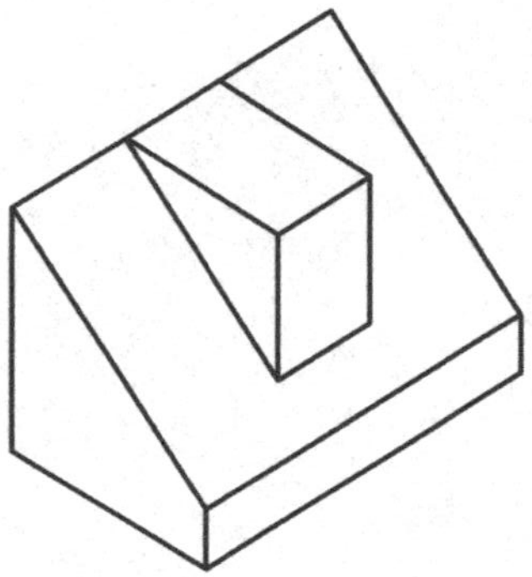

班级__________ 学号__________ 姓名__________ 成绩__________

（5）

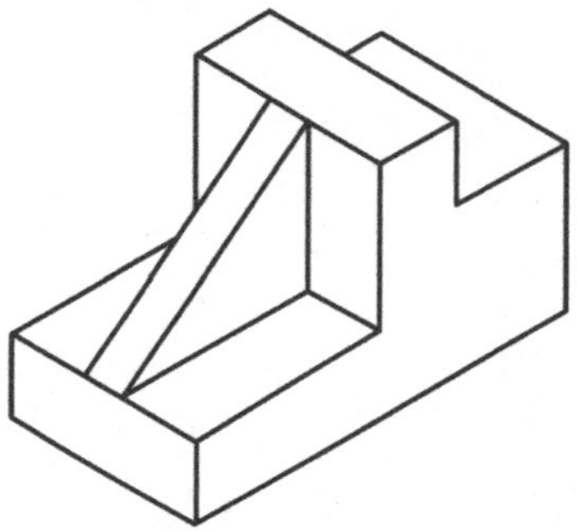

（6）

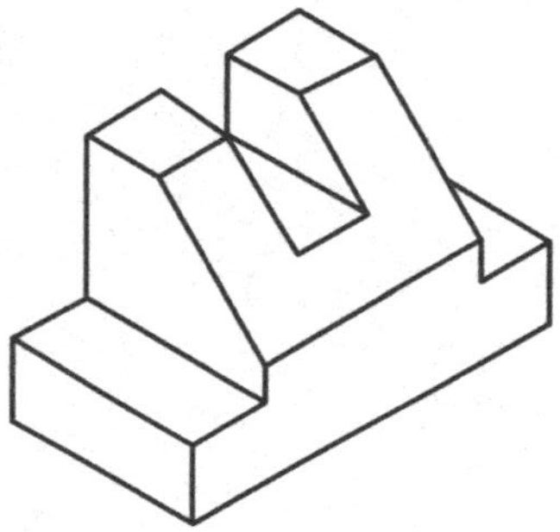

班级____________ 学号____________ 姓名____________ 成绩____________

(7)

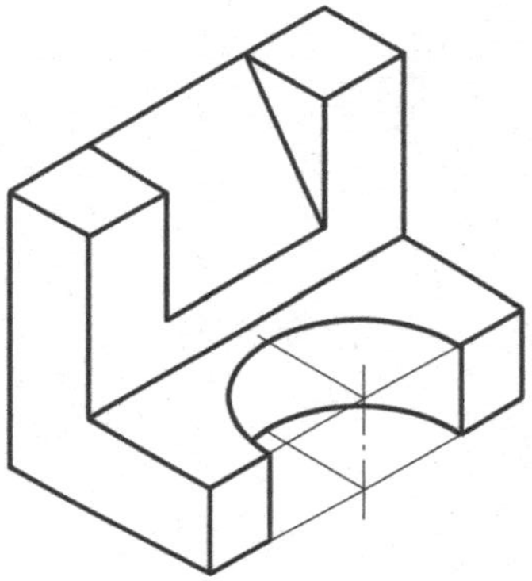

(8)

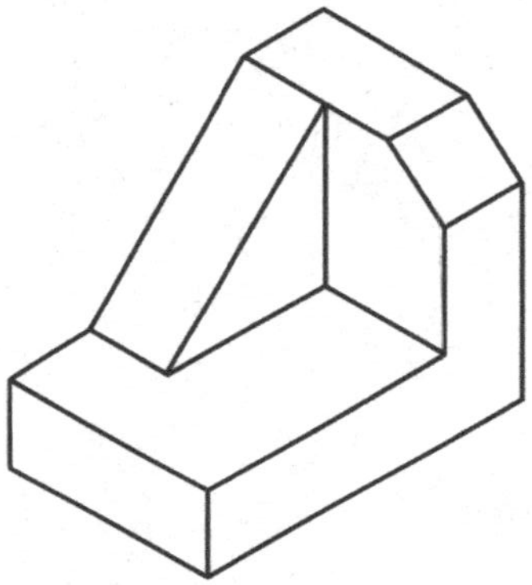

(9)

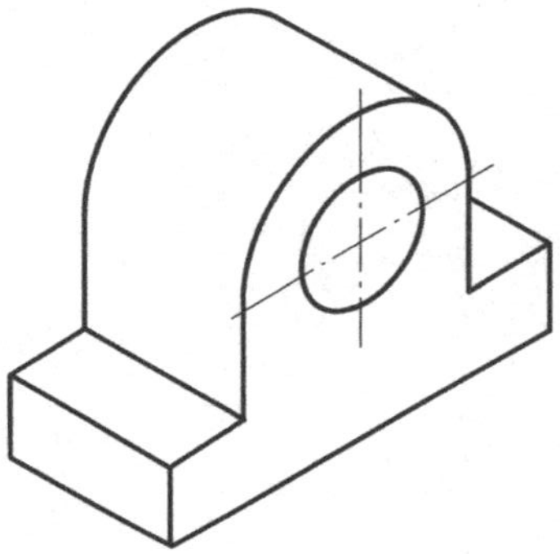

(10)

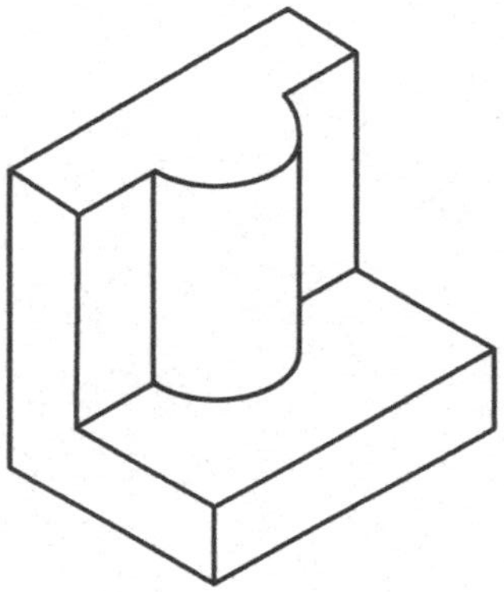

（11）

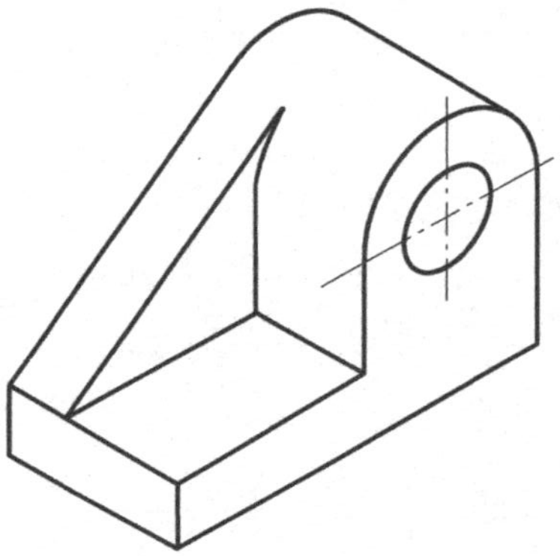

（12）

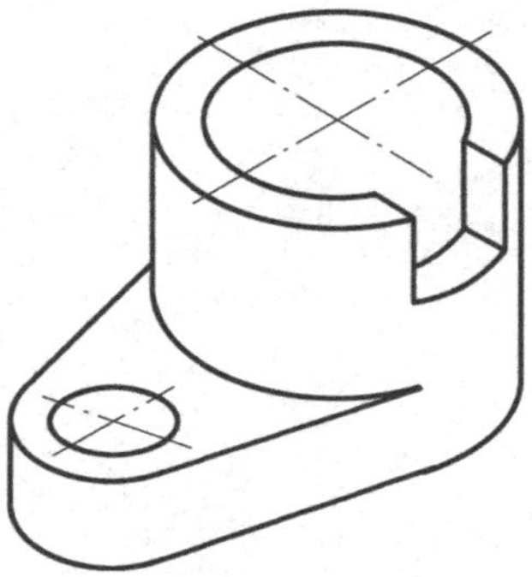

班级__________ 学号__________ 姓名__________ 成绩__________

3. 根据立体图补画视图中所缺的图线

(1)

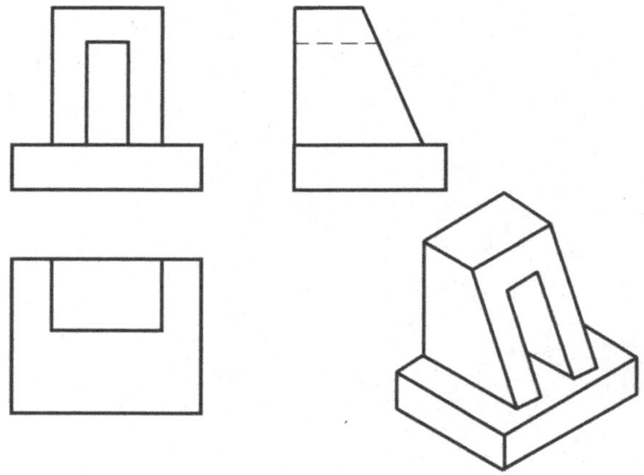

(2)

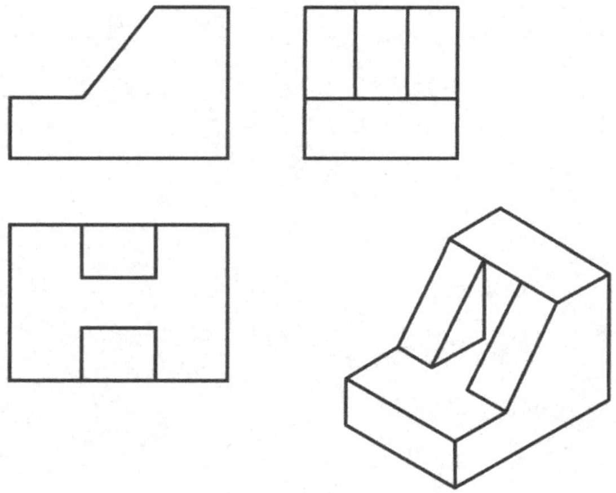

(3)

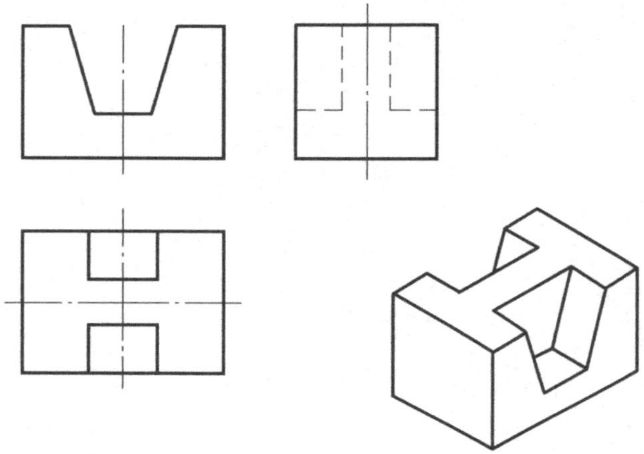

(4)

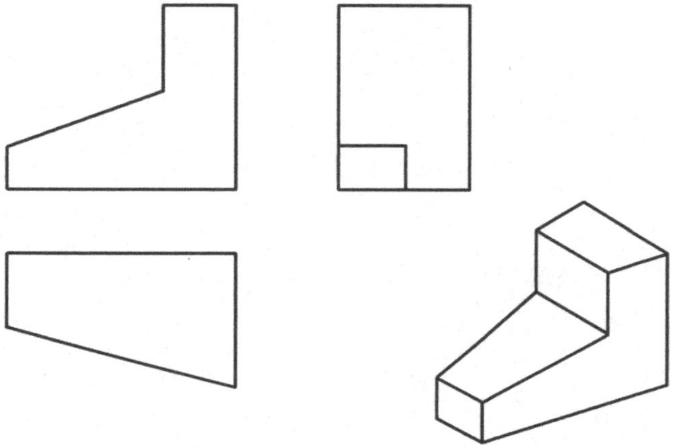

(5)

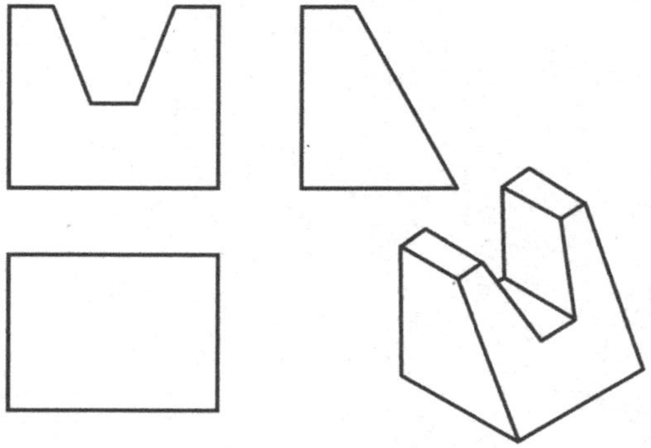

(6)

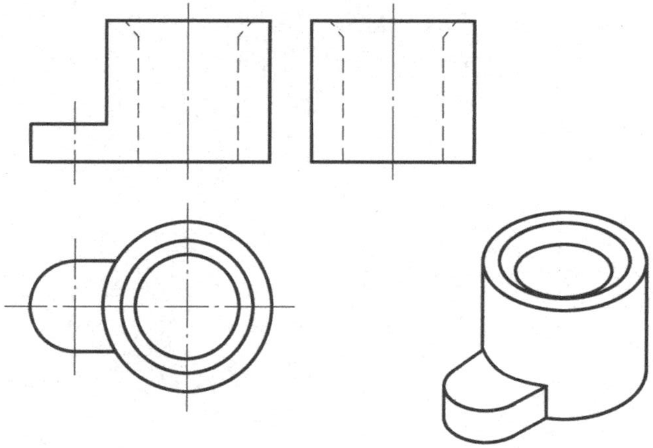

(7)

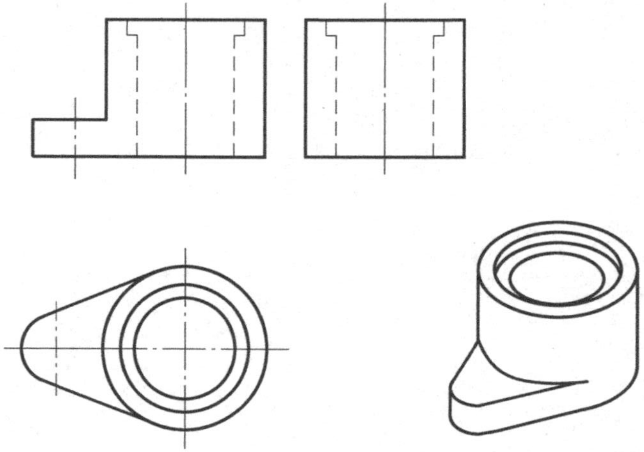

(8)

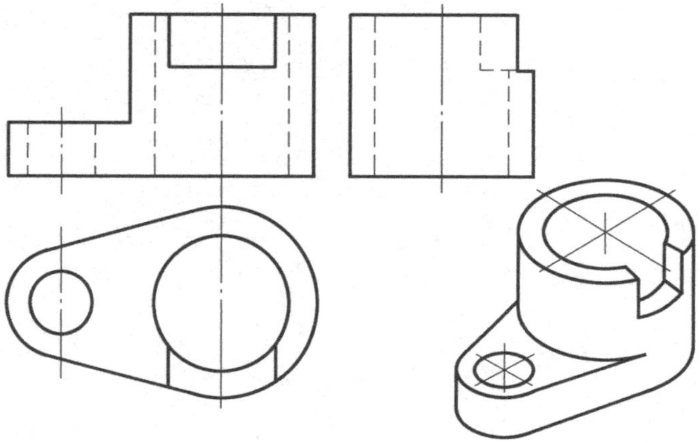

班级＿＿＿＿　学号＿＿＿＿　姓名＿＿＿＿　成绩＿＿＿＿

3.2　组合体三视图的识读

1. 补画第三视图

（1）

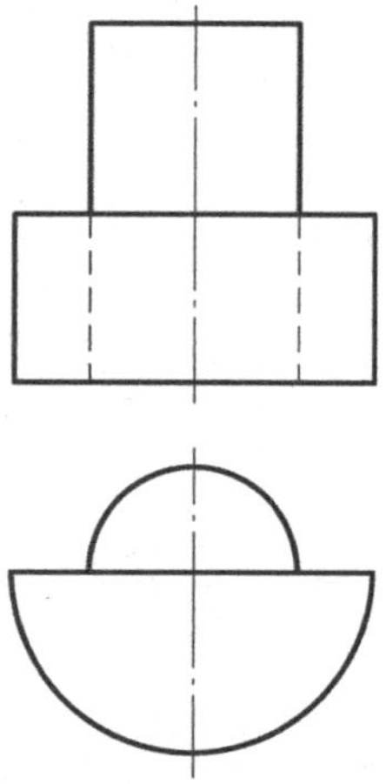

（2）

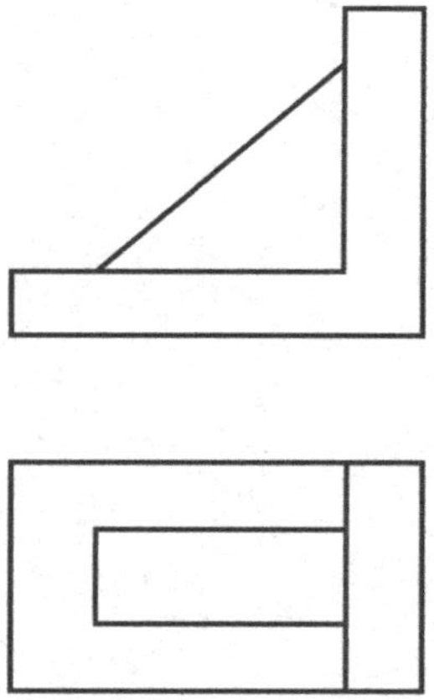

（3）

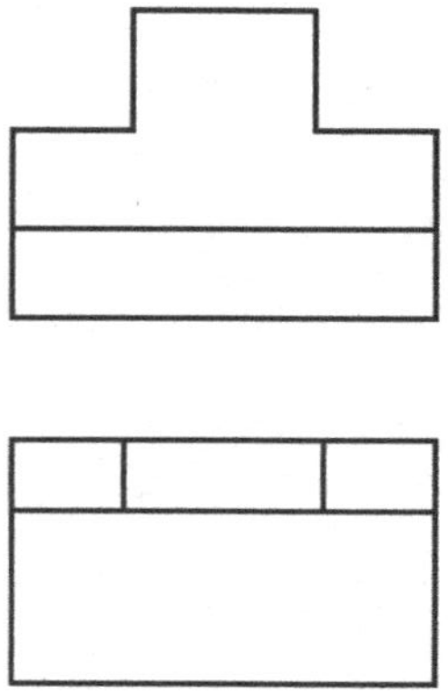

（4）

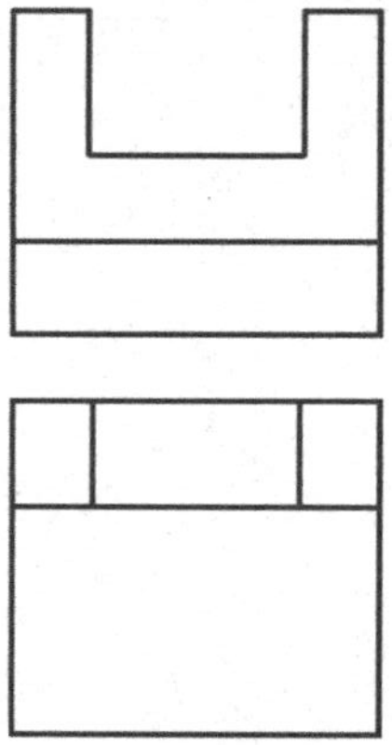

(5)

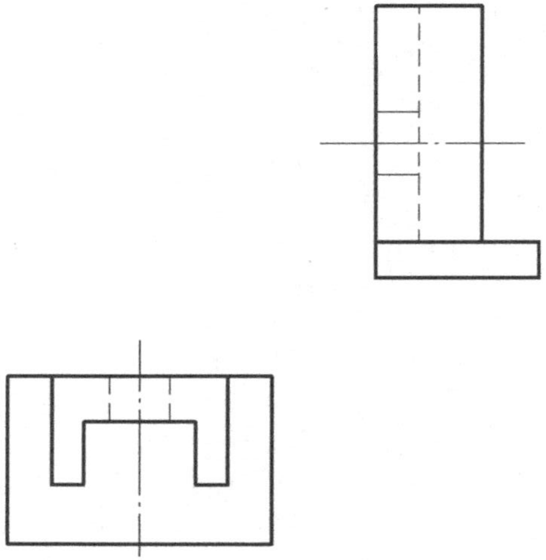

(6)

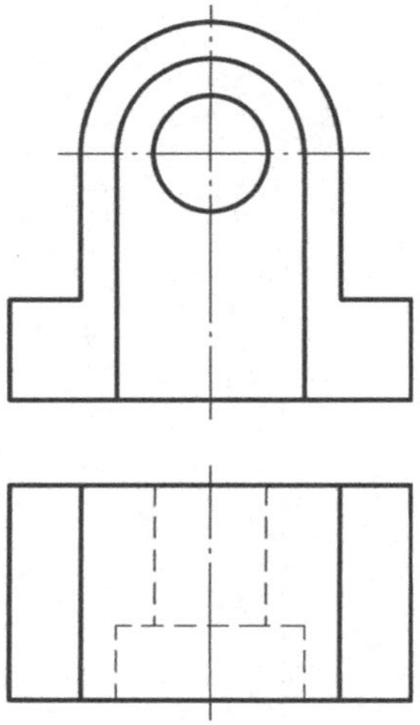

(7)

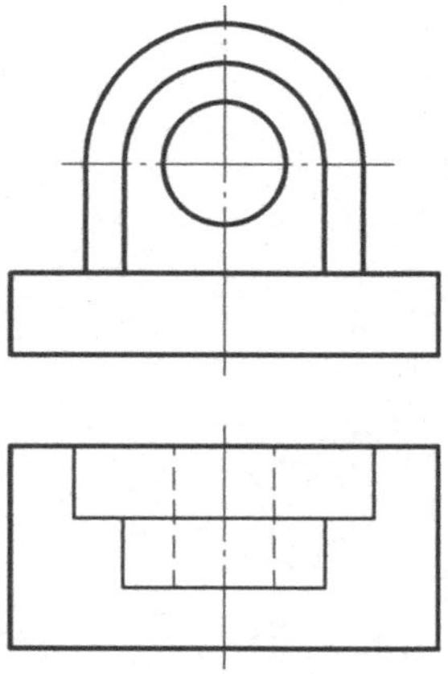

(8)

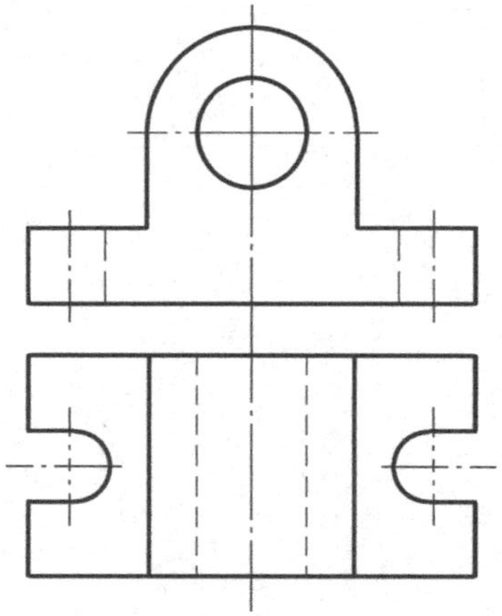

(9)

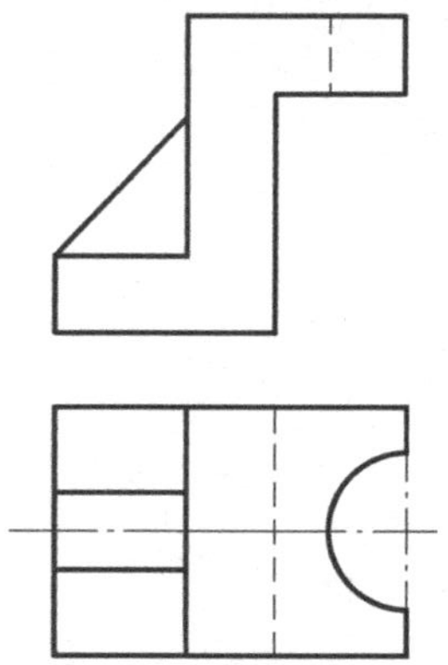

(10)

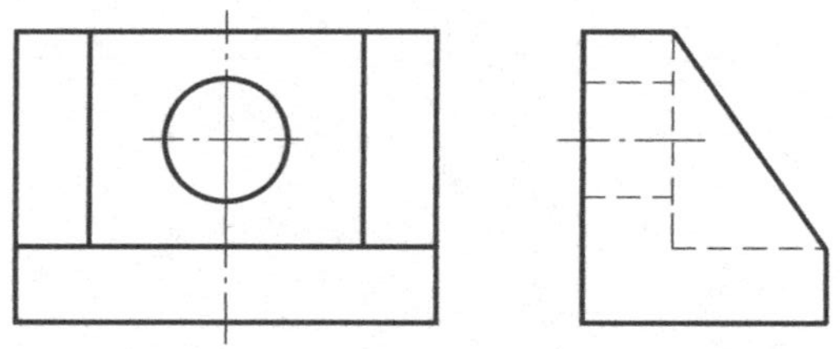

(11)

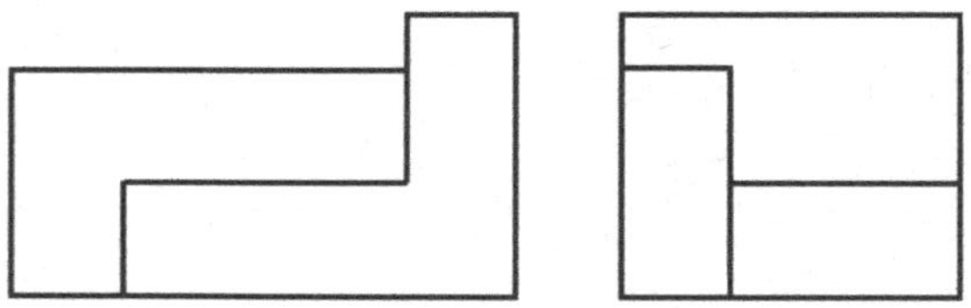

(12)

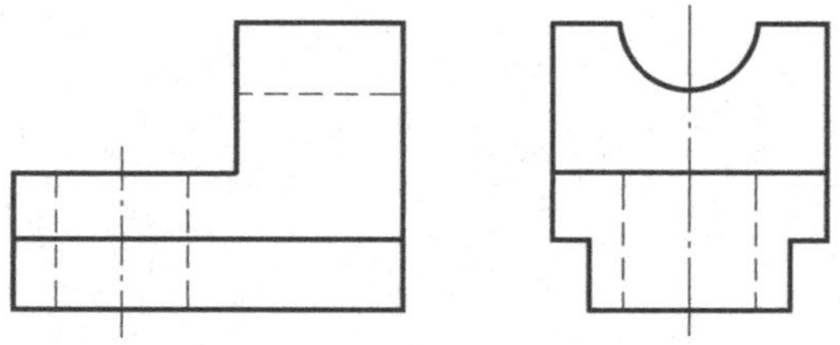

班级____________ 学号____________ 姓名____________ 成绩____________

(13)

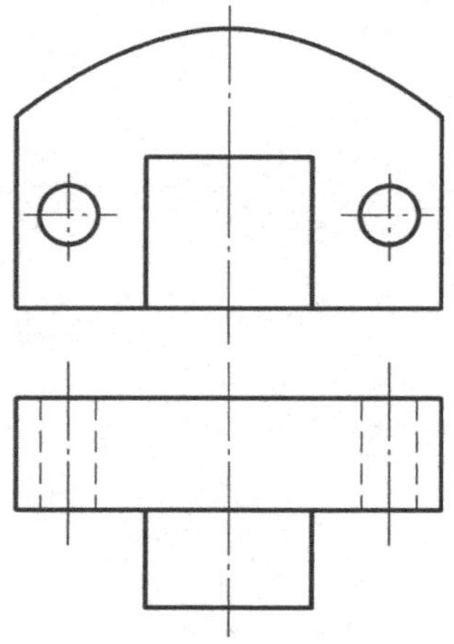

(14)

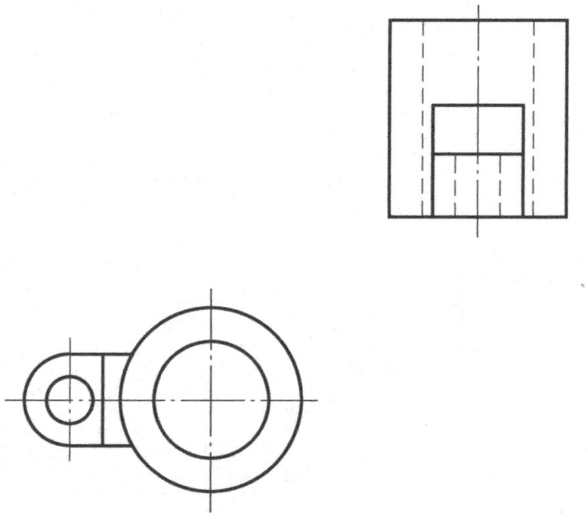

(15)

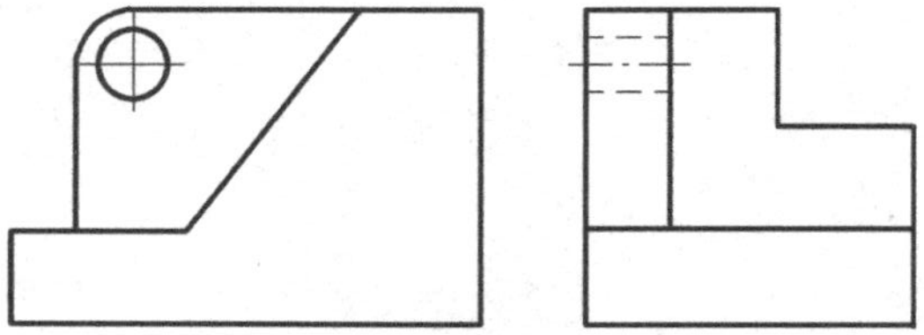

(16)

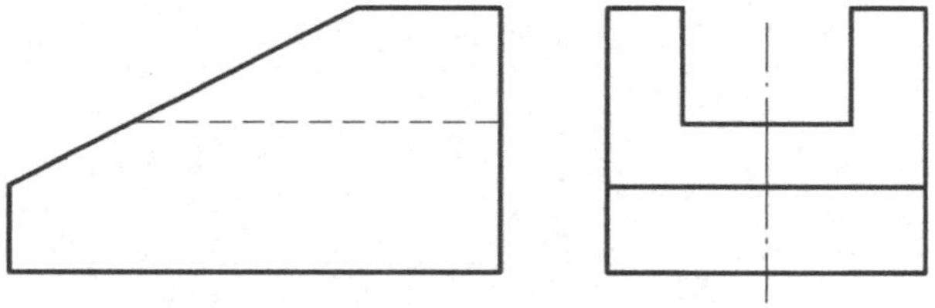

(17)

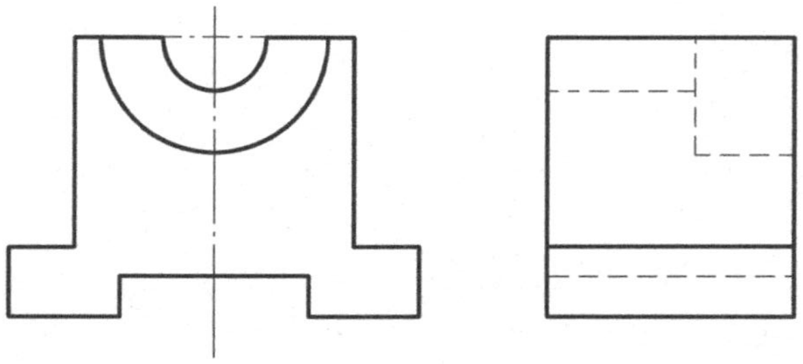

(18)

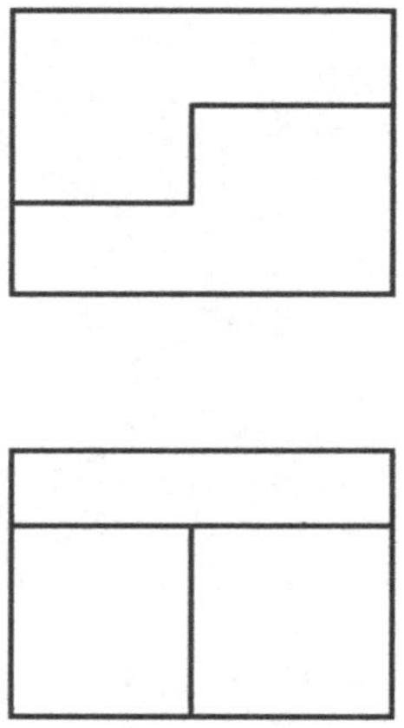

(19)

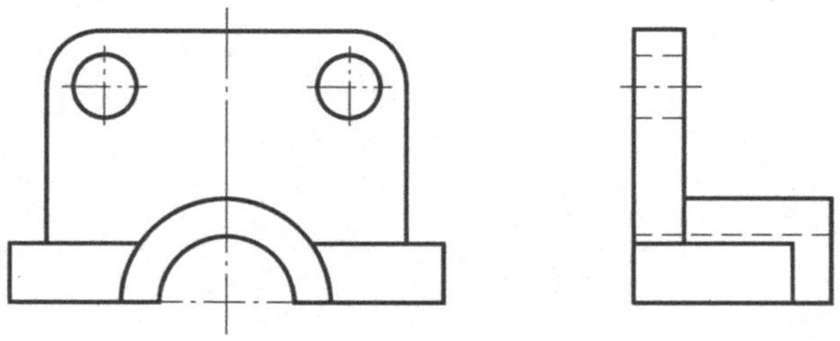

(20)

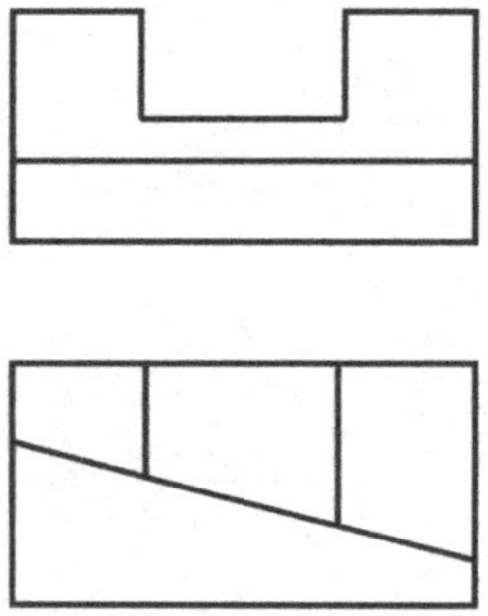

班级____________ 学号____________ 姓名____________ 成绩____________

2. 补画视图中缺的图线

（1）

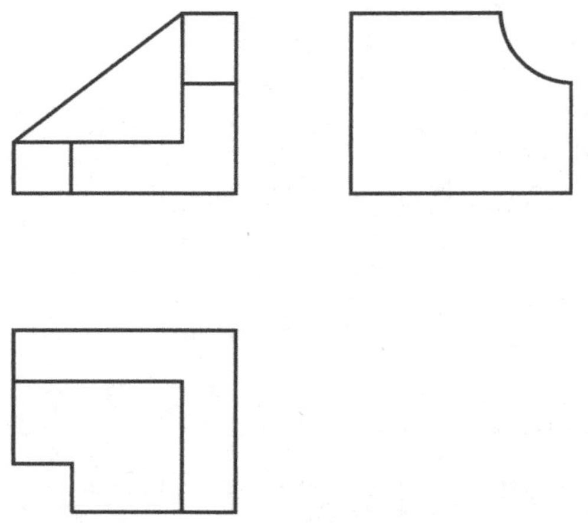

（2）

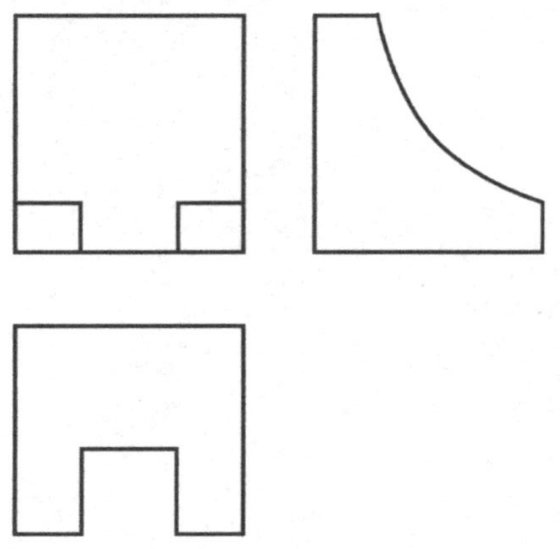

（3）

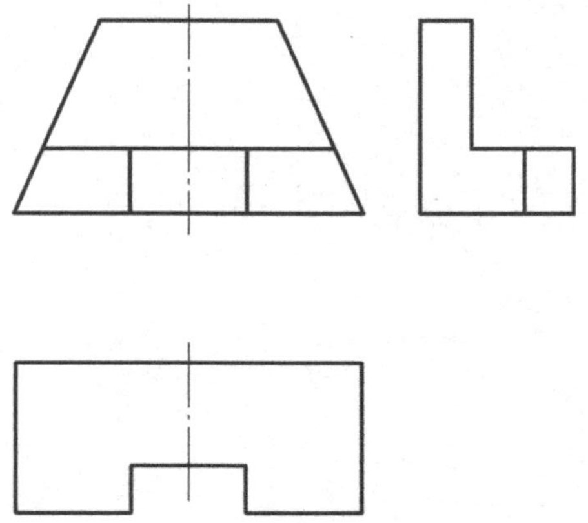

（4）

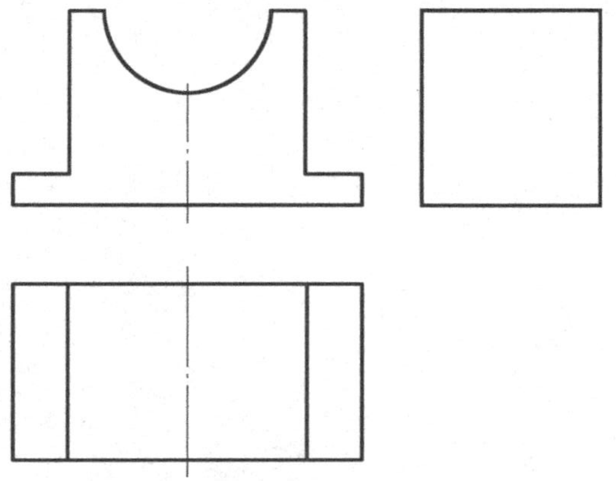

(5)

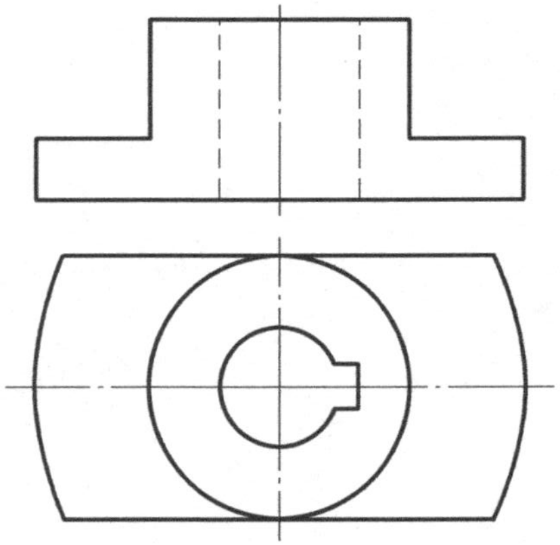

(6)

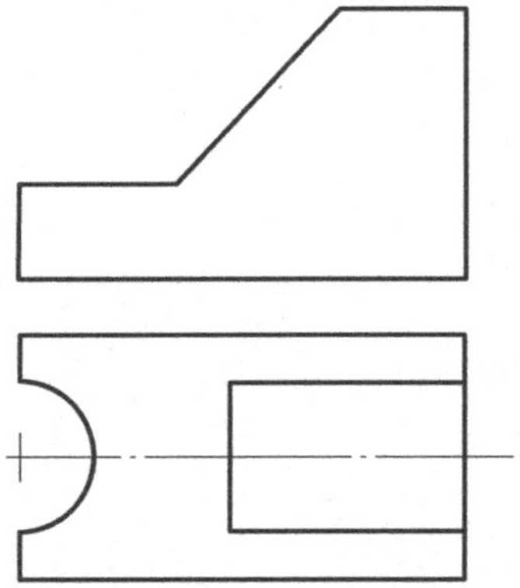

(7)

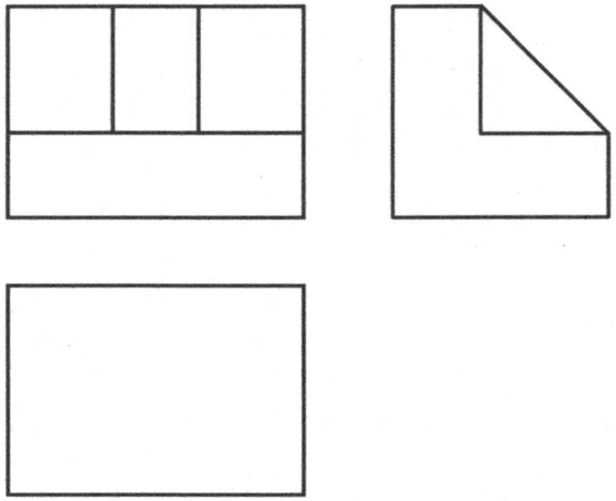

(8)

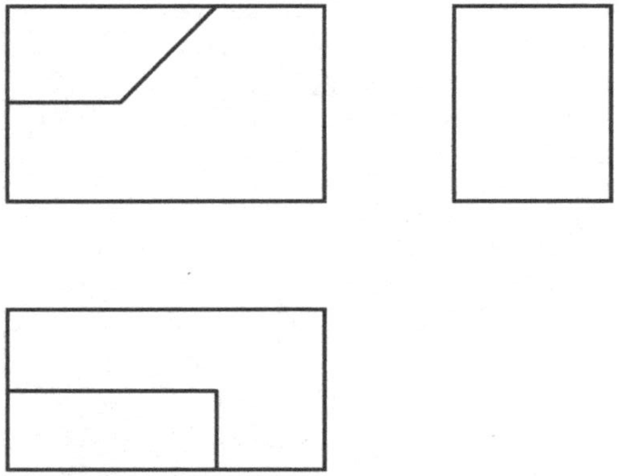

班级____________ 学号____________ 姓名____________ 成绩____________

3.3 组合体三视图的尺寸标注

1. 指出图中的尺寸基准，改正图中错误的尺寸标注，补上所缺尺寸，尺寸数字由图中量取并取整

（1）

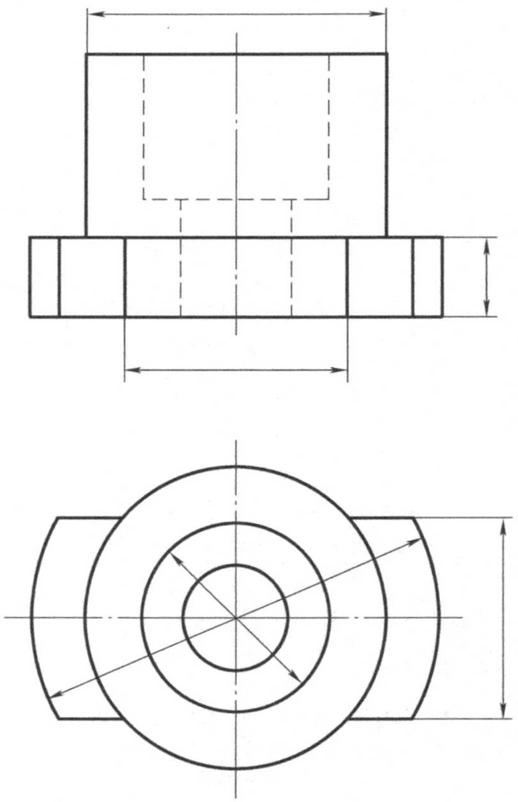

（2）

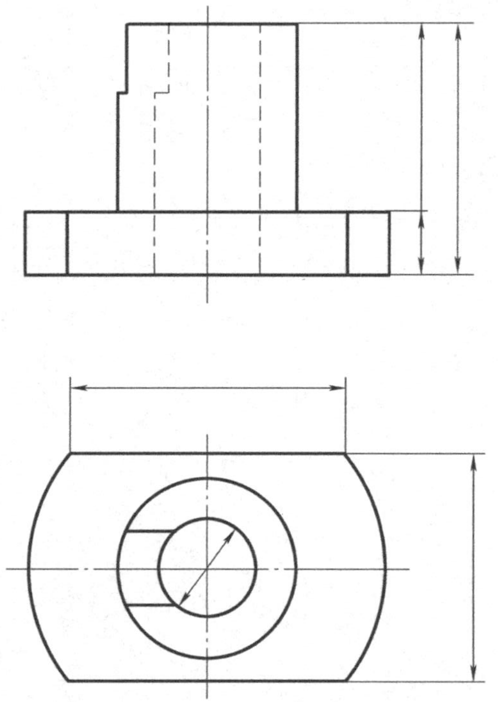

班级＿＿＿＿＿＿ 学号＿＿＿＿＿＿ 姓名＿＿＿＿＿＿ 成绩＿＿＿＿＿＿

(3)

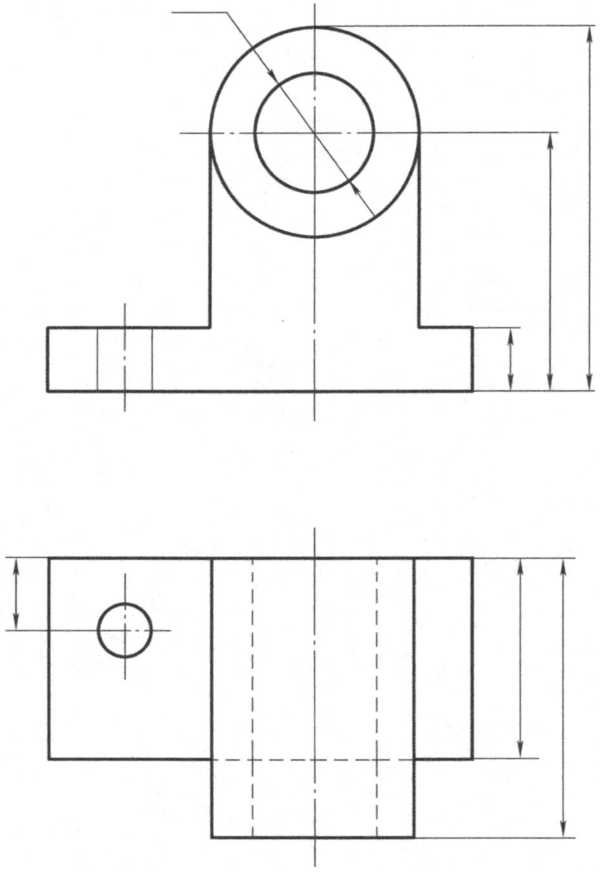

(4)

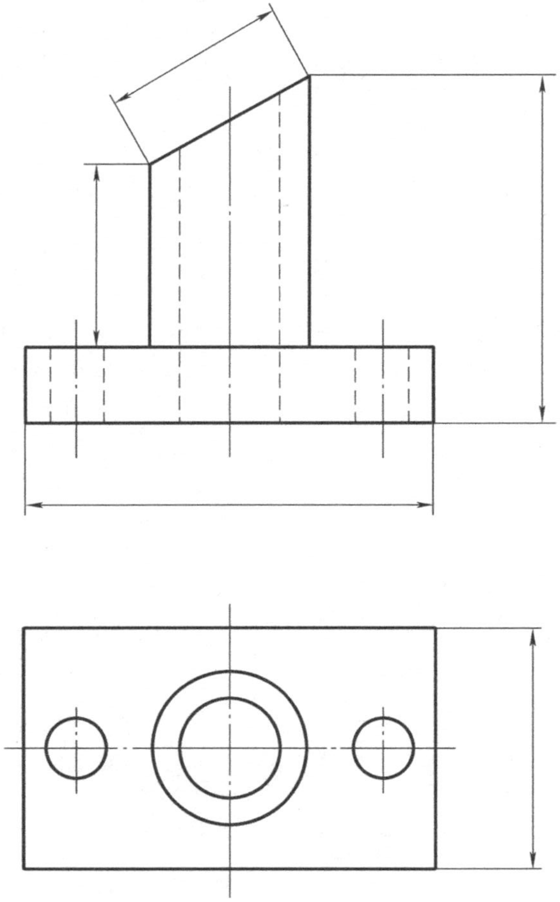

3.4 综合实践

一、目的

1）掌握组合体三视图的画法，提高绘图技能。

2）熟悉组合体视图的尺寸标注方法。

二、内容和要求

1）根据组合体模型（或轴测图）画三视图，正确选择基准，并标注尺寸。

2）图名：组合体。图幅：A3 图纸。比例自选。

3）要求：合理选择图幅及比例；完整地表达组合体的内、外形状。标注尺寸要完整、清晰、并符合国家标准。

三、作图步骤及注意事项

1）分析组合体的各组成部分表面连接关系及相对位置。

2）选取主视图的投射方向。所选主视图应明显地表达组合体的形状特征。

3）画底稿，底稿要轻而细，布图要美观、大方。

4）检查底稿，修正错误，擦去多余的图线。

5）描深图线，标注尺寸，填写标题栏，标注的尺寸要符合国家标准，完整、布置合理。

（1）

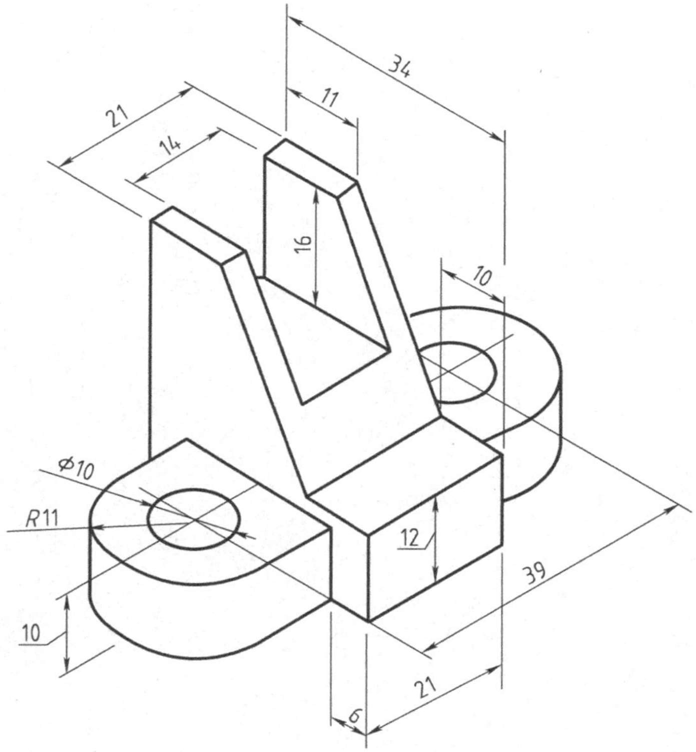

(2)

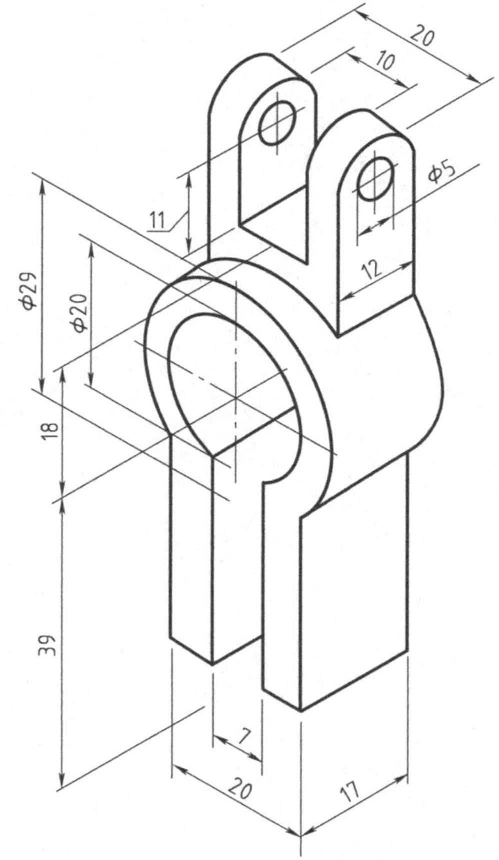
20
10
φ5
11
12
φ29
φ20
18
39
7
20
17

(3)

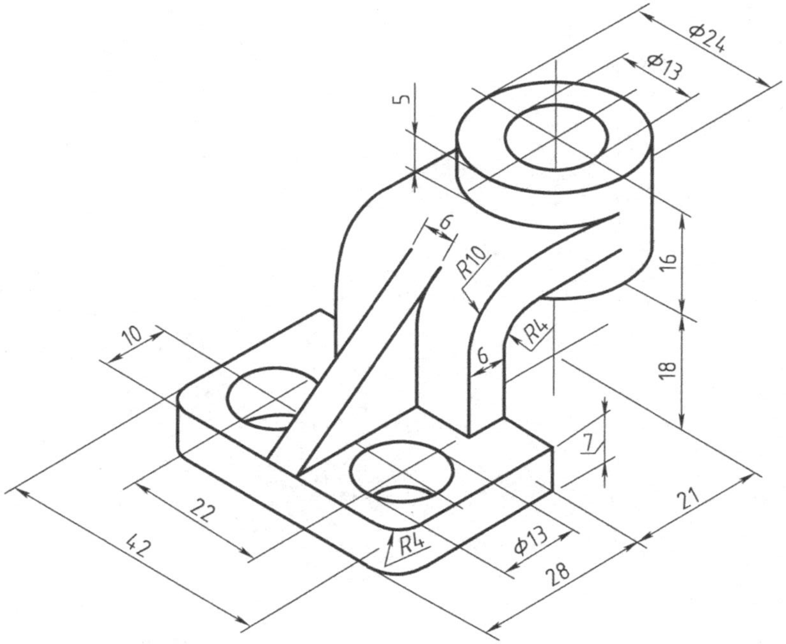
φ24
φ13
5
6
R10
16
R4
10
6
18
7
22
R4
φ13
21
42
28

第 4 章　轴测图的绘制

4.1　正等轴测图的画法

1. 读懂视图，绘制组合体的正等轴测图

（1）

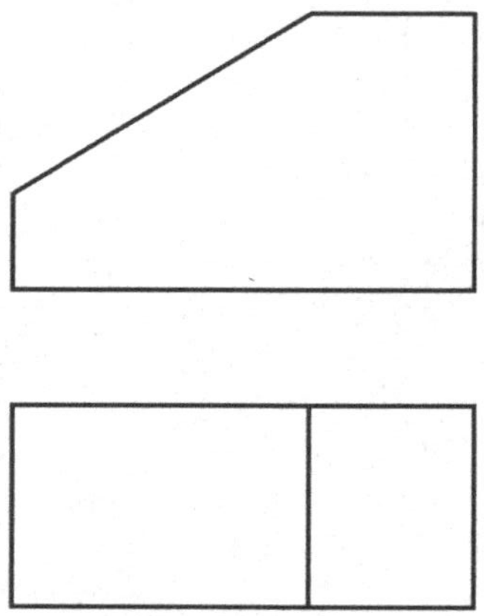

（2）

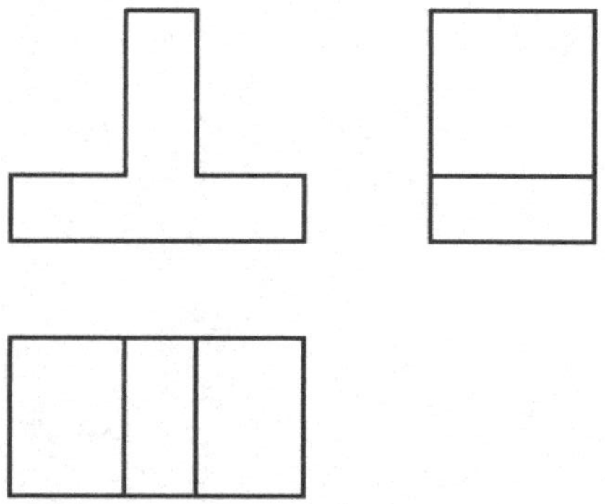

(3)

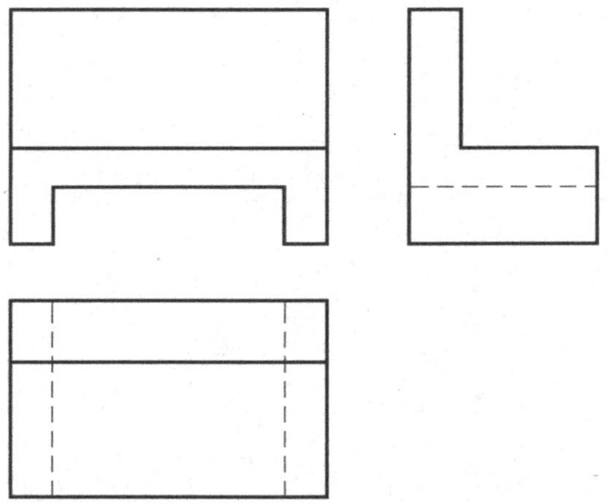

(4)

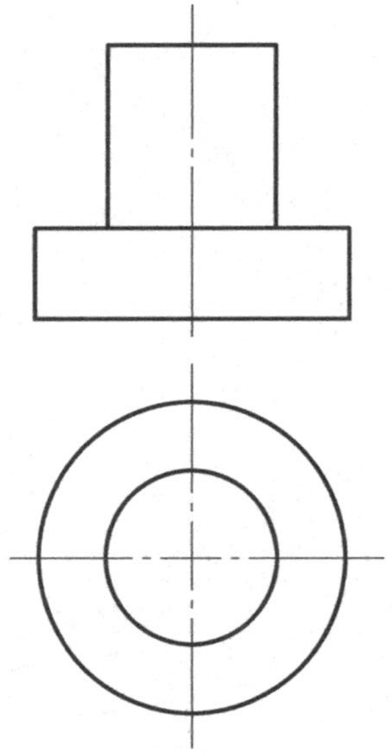

4.2 斜二等轴测图的画法

1. 读懂视图，绘制组合体的斜二等轴测图

（1）

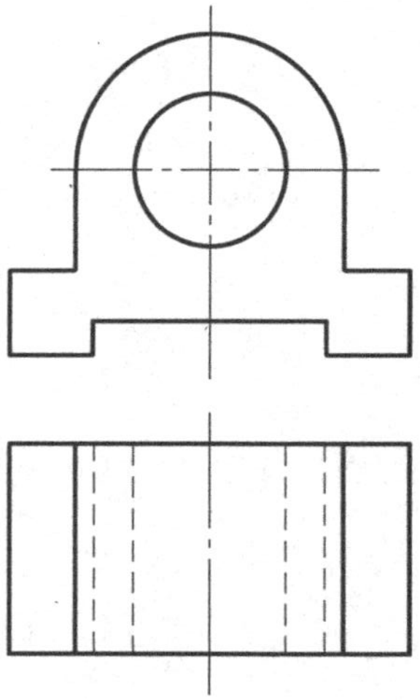

（2）

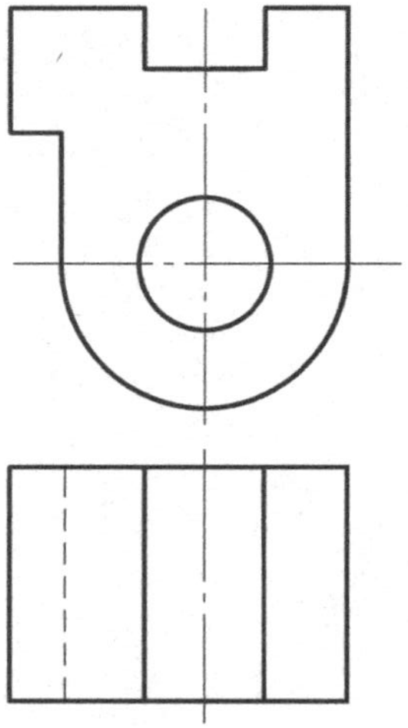

第5章　机件的常用表达方法

5.1　视图

1. 根据主、左、俯三视图，参照轴测图，补画右、后、仰三个基本视图

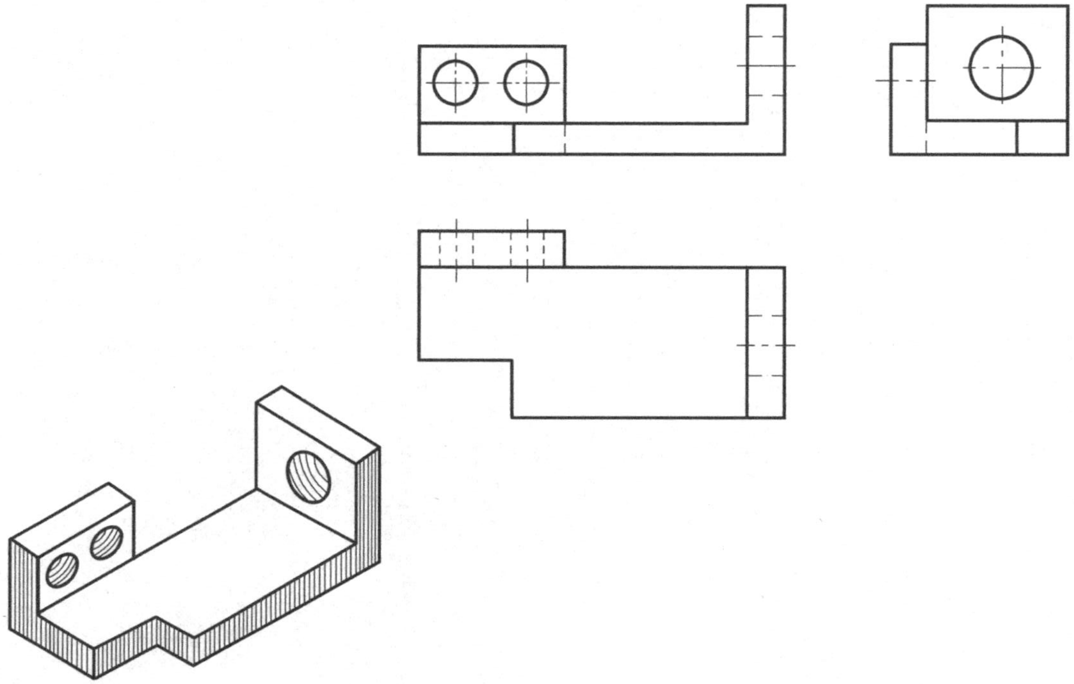

班级__________　学号__________　姓名__________　成绩__________

2. 根据主、左、俯三视图，补画右、后、仰三个基本视图

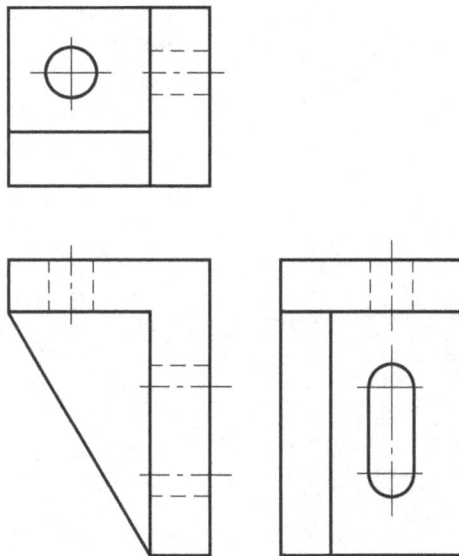

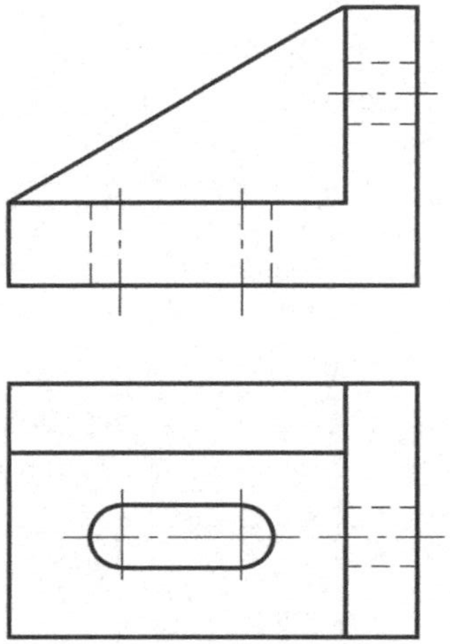

班级____________ 学号____________ 姓名____________ 成绩____________

3. 画出 *A* 斜视图和 *B* 向局部视图并进行相应标注

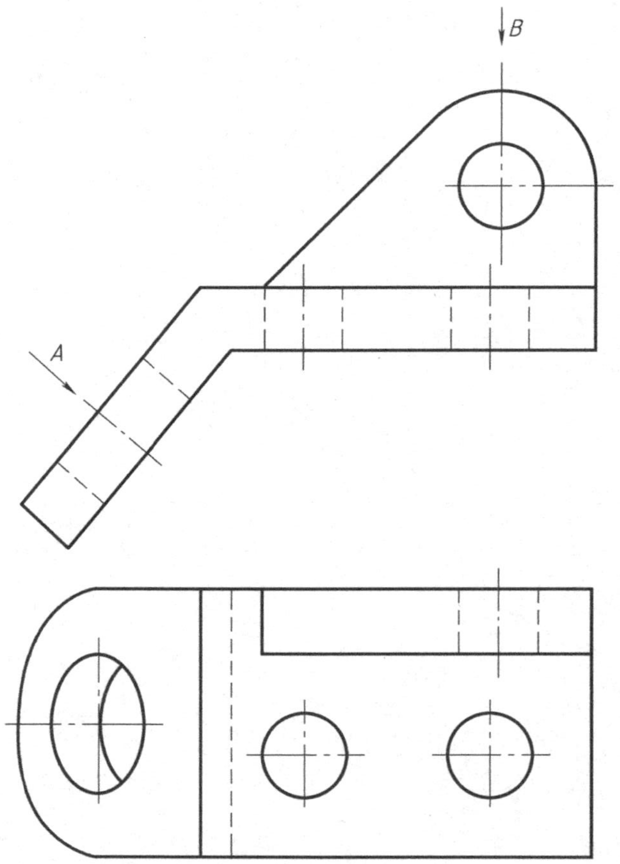

5.2 剖视图

1. 补画剖视图所缺的图形

(1)

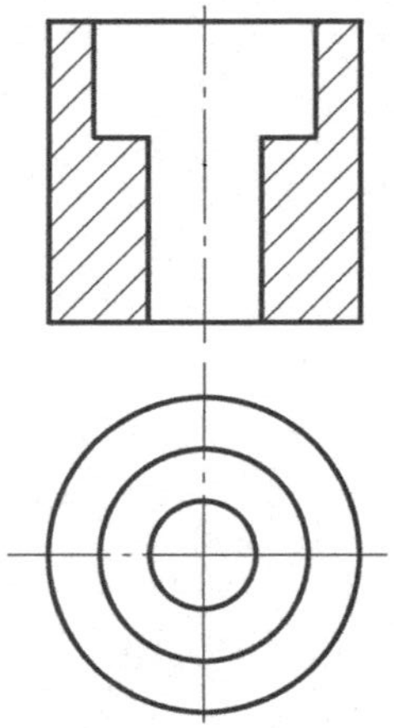

(2)

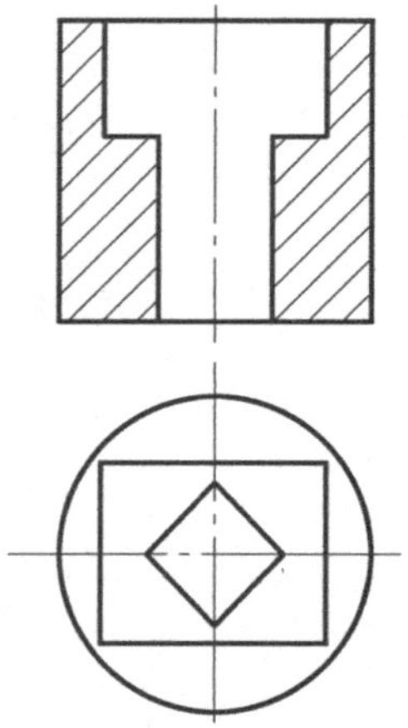

(3)

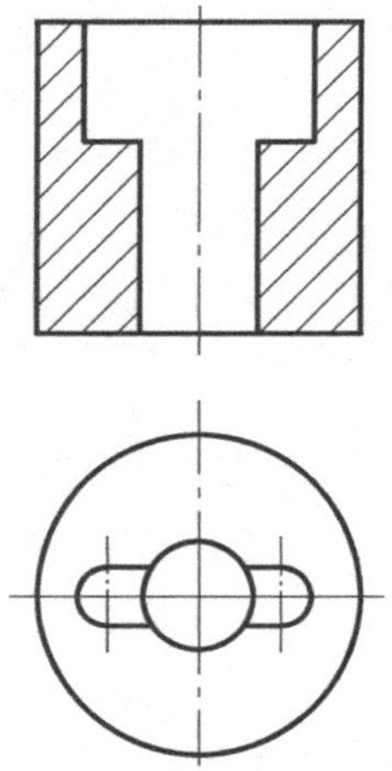

(4)

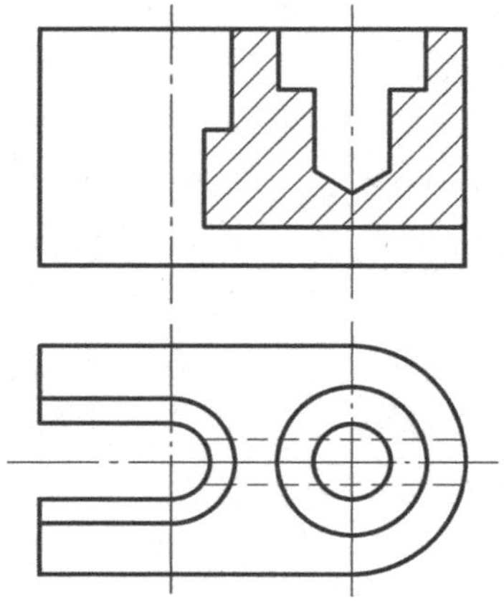

班级__________ 学号__________ 姓名__________ 成绩__________

2. 读懂形体，利用单一剖切平面，在指定位置将主视图画成全剖视图

（1）

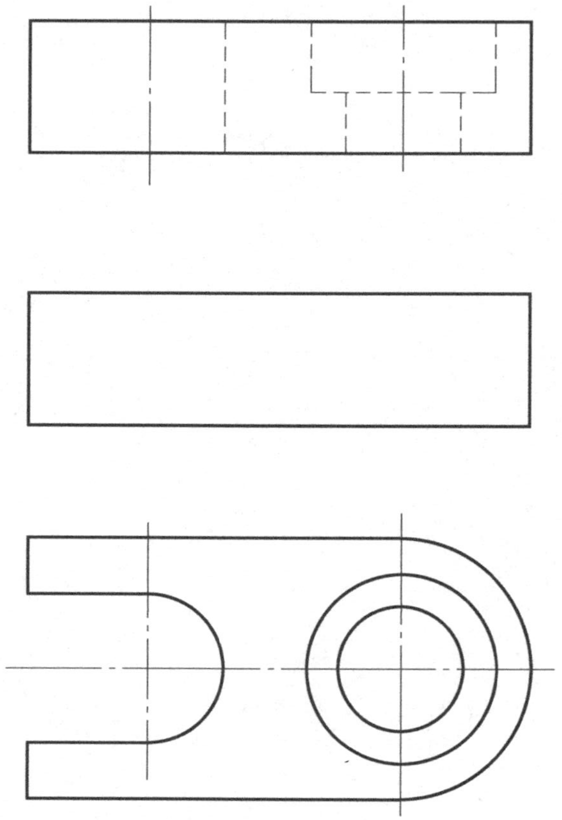

（2）

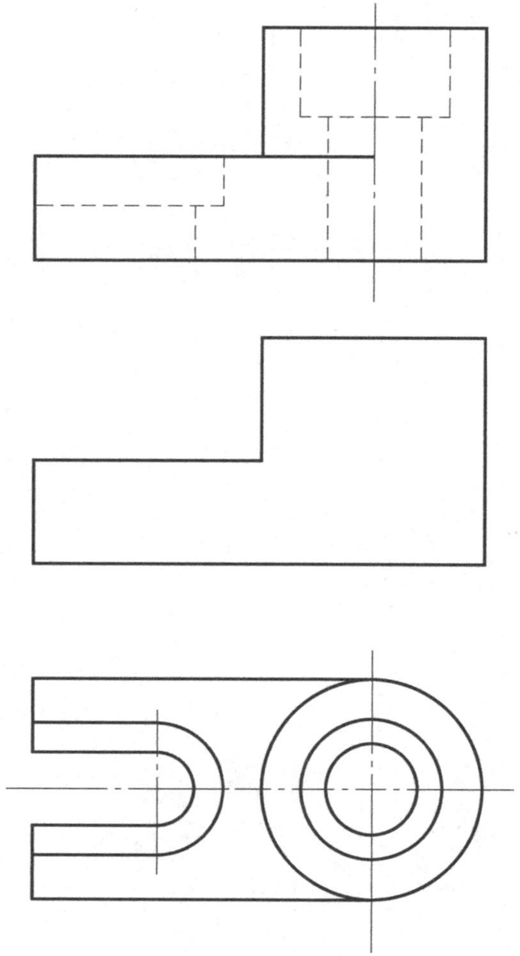

班级__________ 学号__________ 姓名__________ 成绩__________

(3)

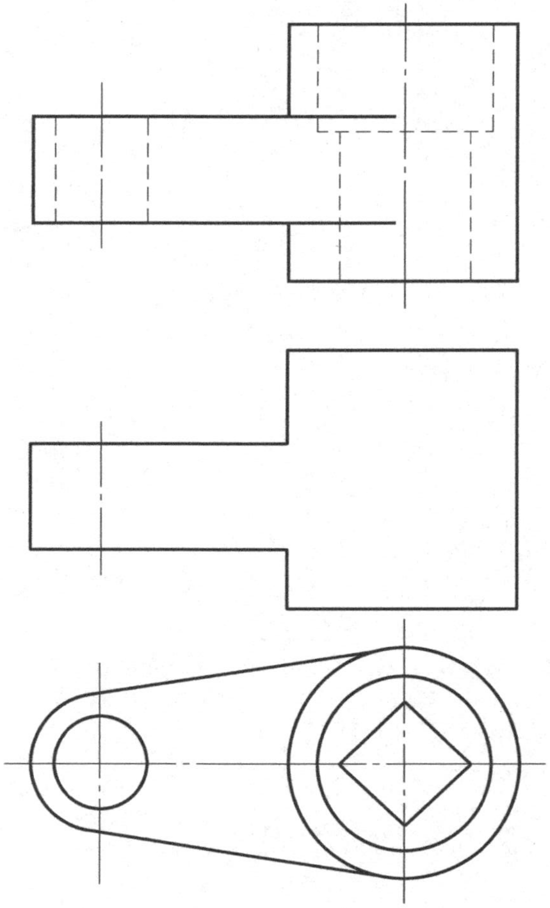

(4)

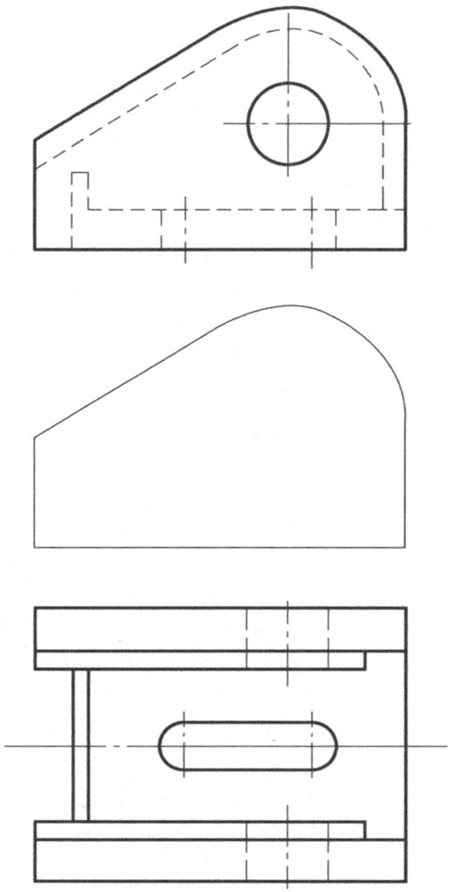

(5)

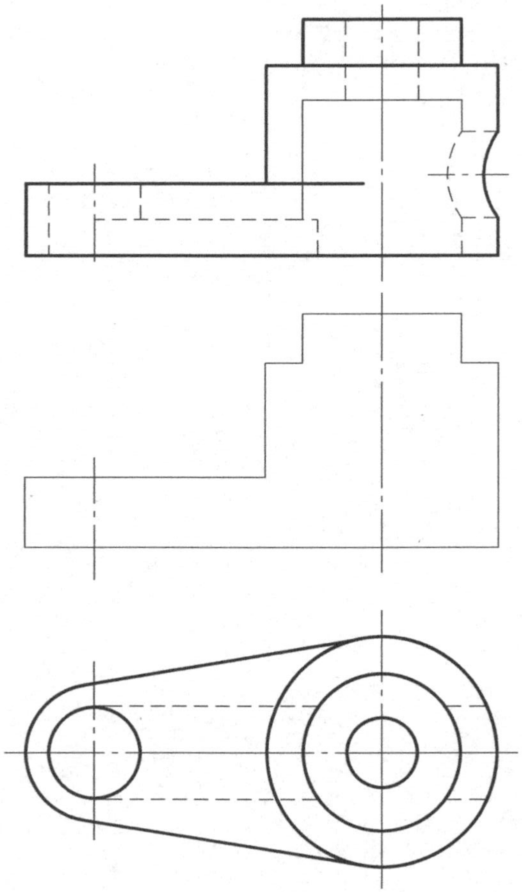

(6)

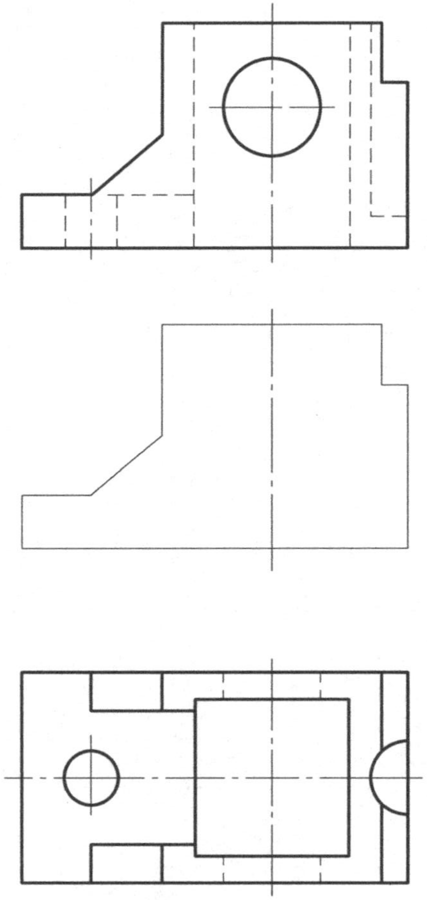

班级__________ 学号__________ 姓名__________ 成绩__________

3. 对照轴测图，画出 *B*—*B* 的全剖视图

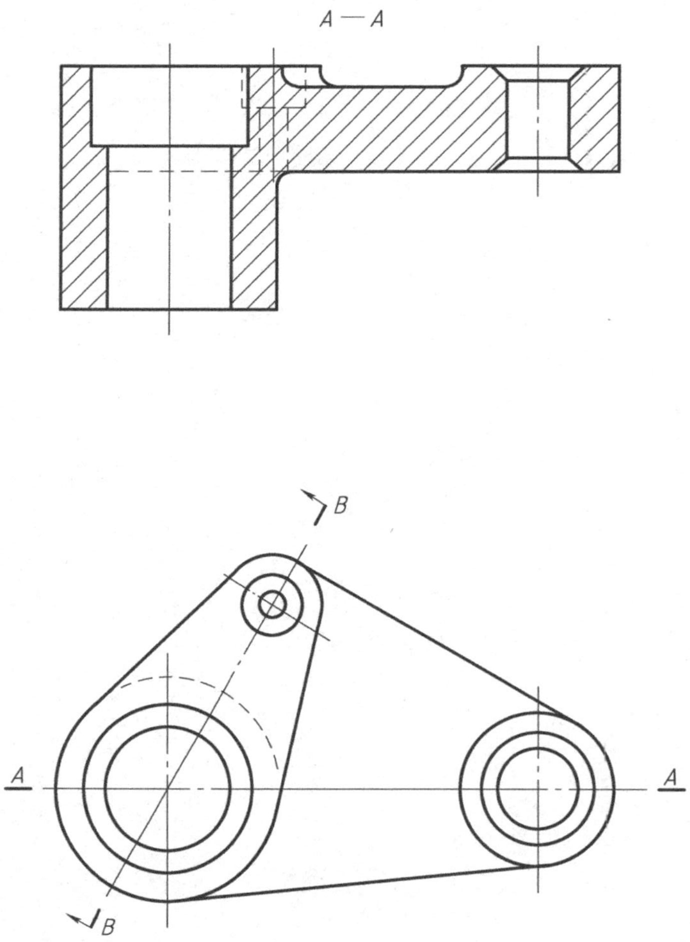

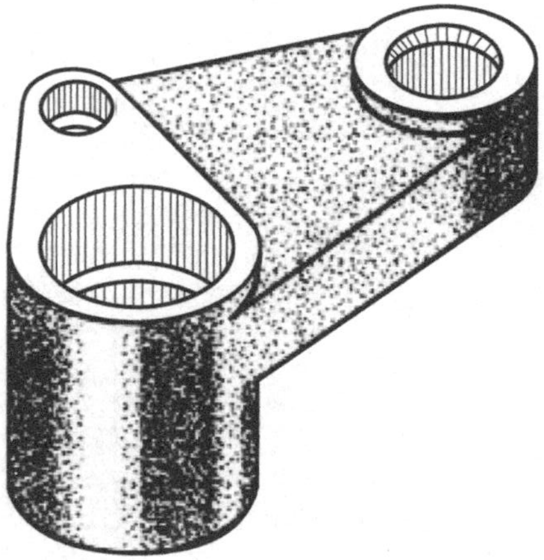

4. 读懂视图，利用两相交的剖切面，在指定位置画出全剖的主视图

（1）

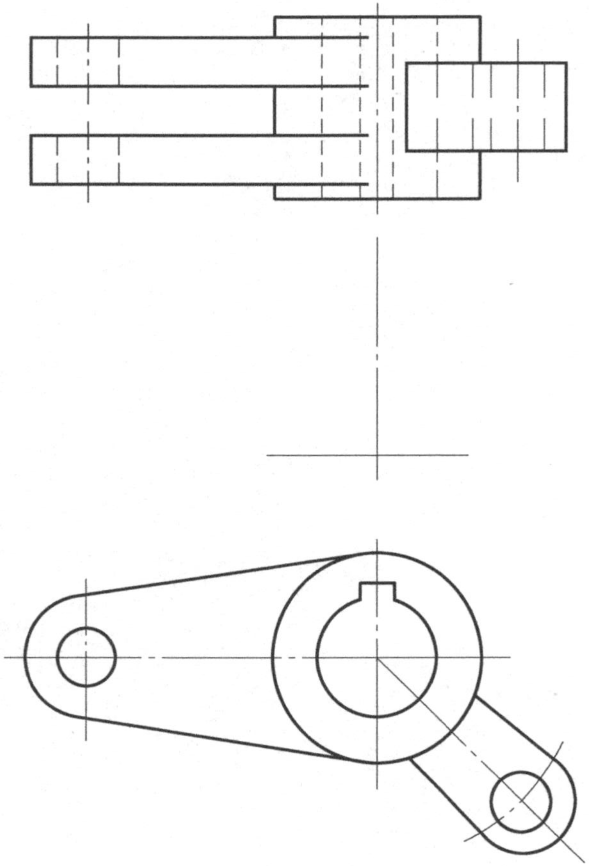

（2）

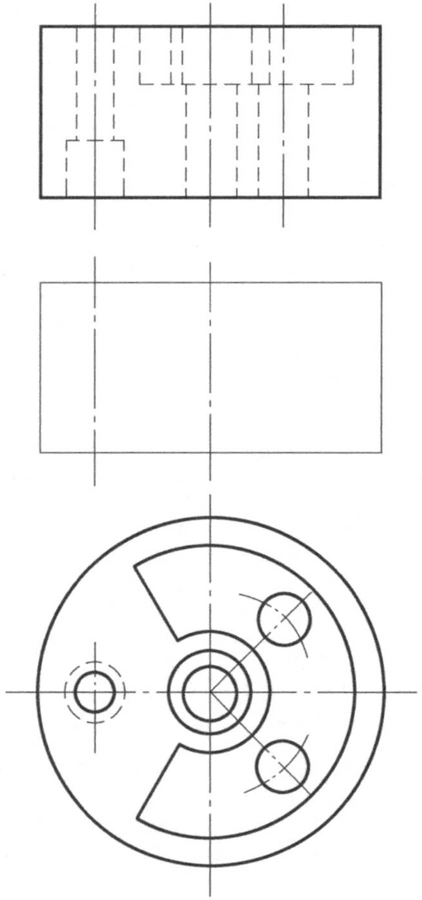

5. 读懂视图，利用两平行的剖切面，在指定位置画出全剖的主视图

（1）

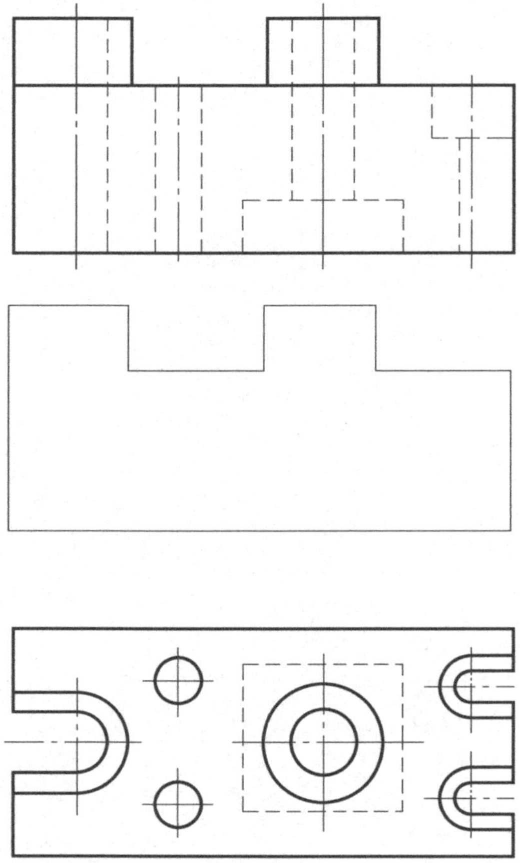

（2）

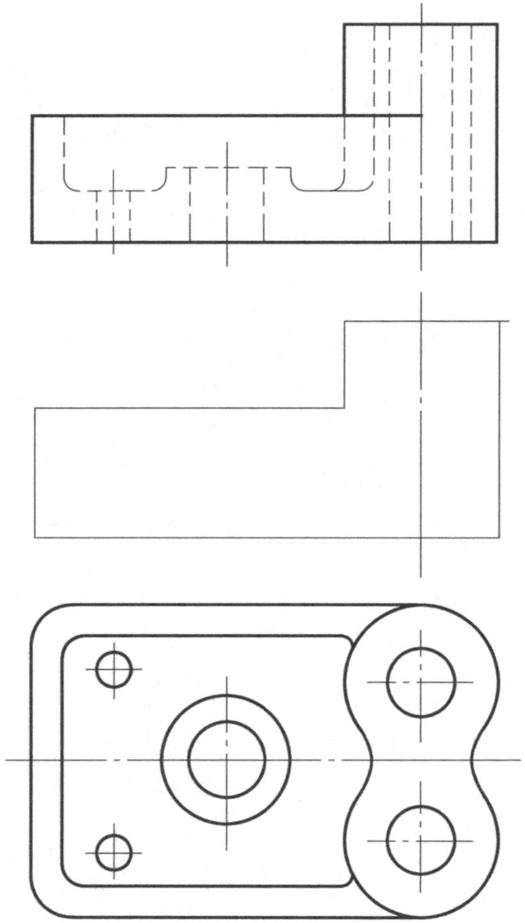

班级__________ 学号__________ 姓名__________ 成绩__________

6. 根据给定的视图，在指定位置将主视图画成半剖视图

（1）

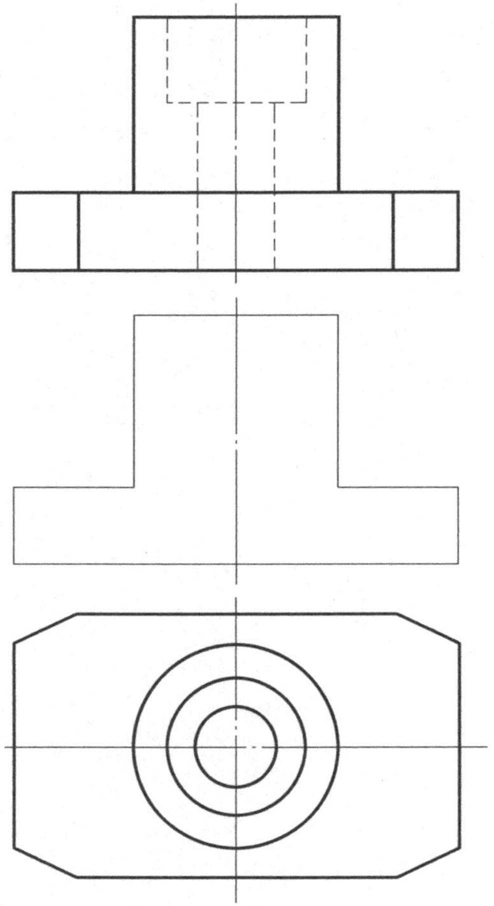

（2）

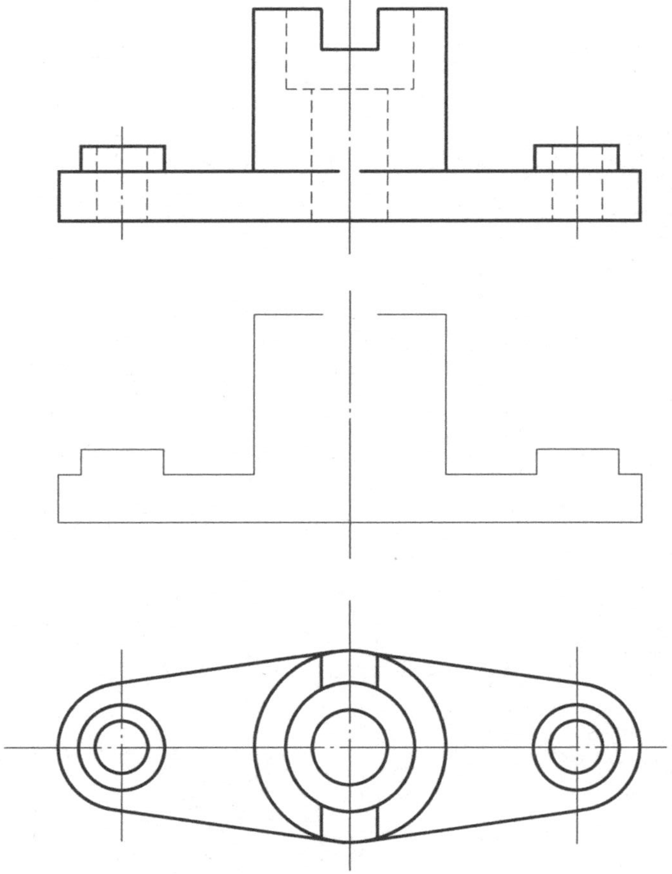

班级＿＿＿＿＿＿　学号＿＿＿＿＿＿　姓名＿＿＿＿＿＿　成绩＿＿＿＿＿＿

7. 根据给定视图在指定位置画半剖主视图，并完成其全剖左视图

（1）

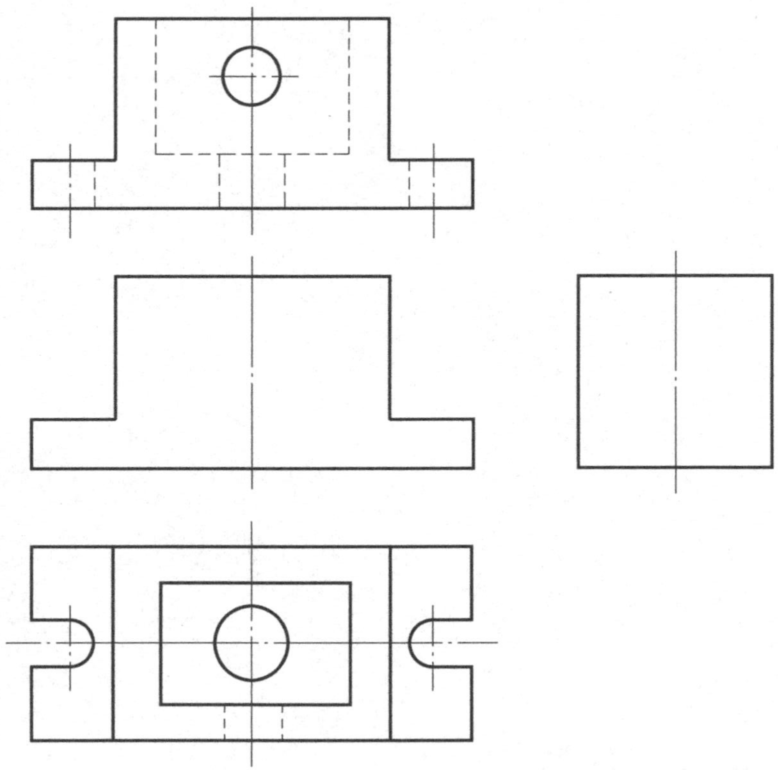

（2）

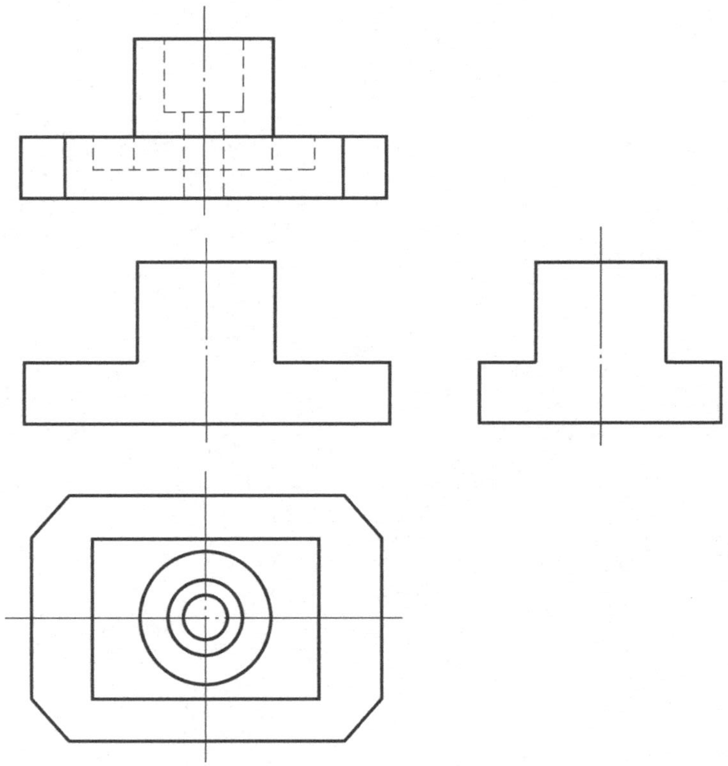

班级__________ 学号__________ 姓名__________ 成绩__________

（3）

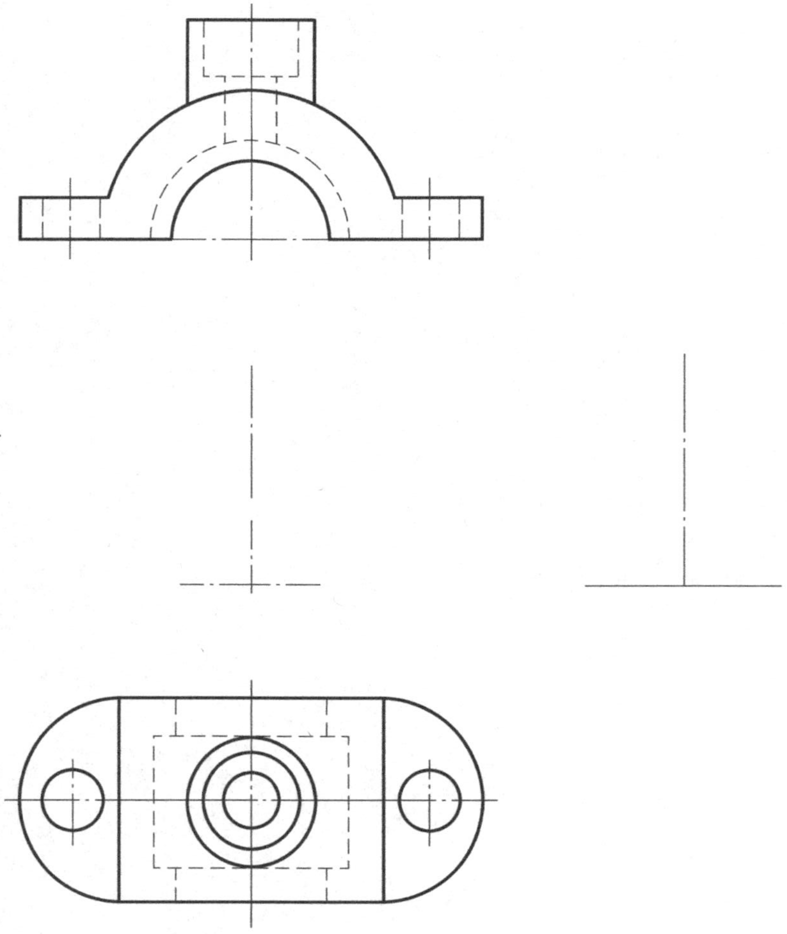

8. 根据给定视图在指定位置画全剖主视图，并完成其半剖左视图

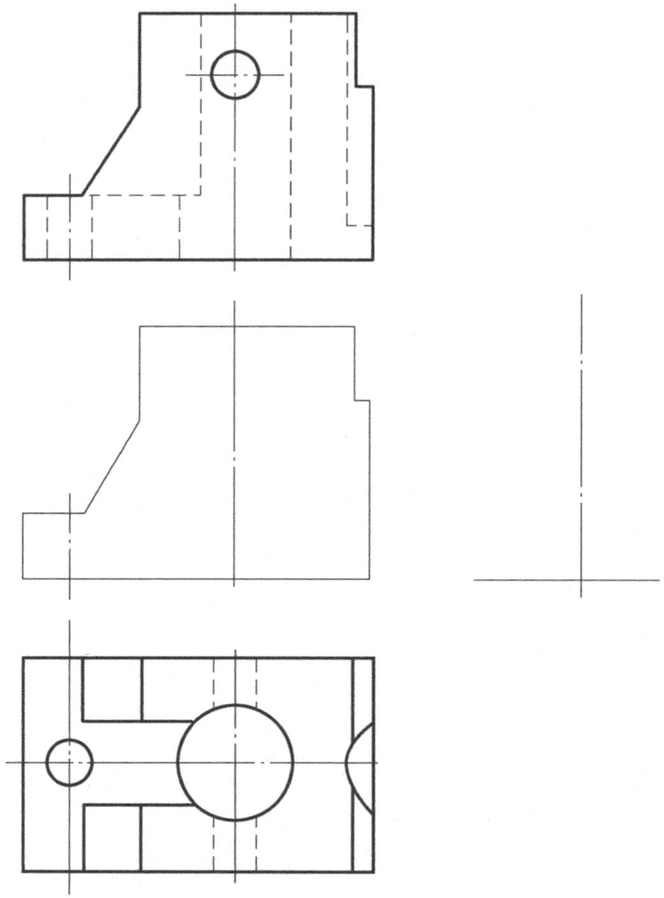

班级________ 学号________ 姓名________ 成绩________

9. 局部剖视图

（1）将主视图改画成局部剖视图

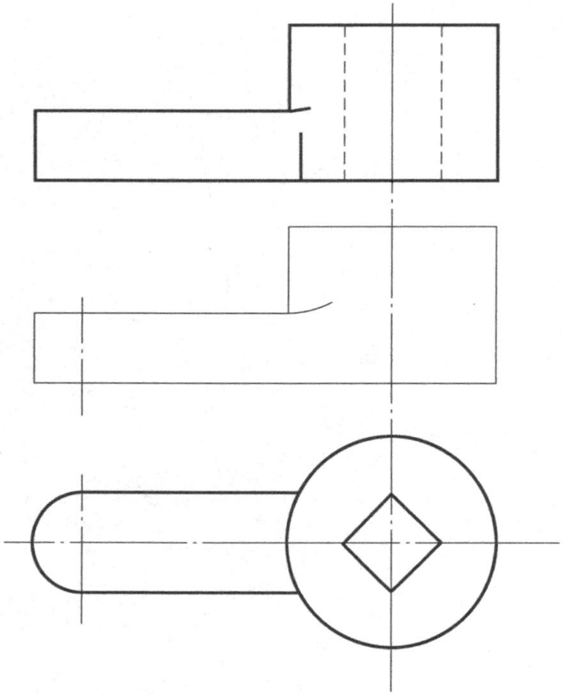

（2）分析图中的错误，作出正确的局部剖视图

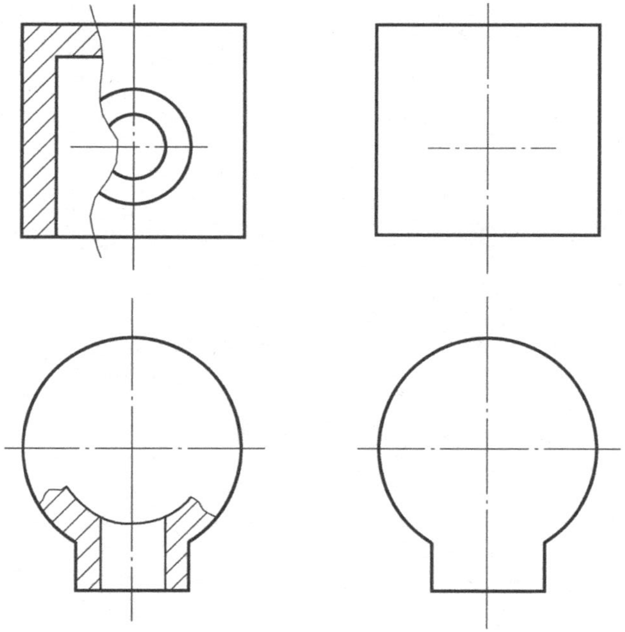

（3）读懂视图，将主视图改成局部剖视图

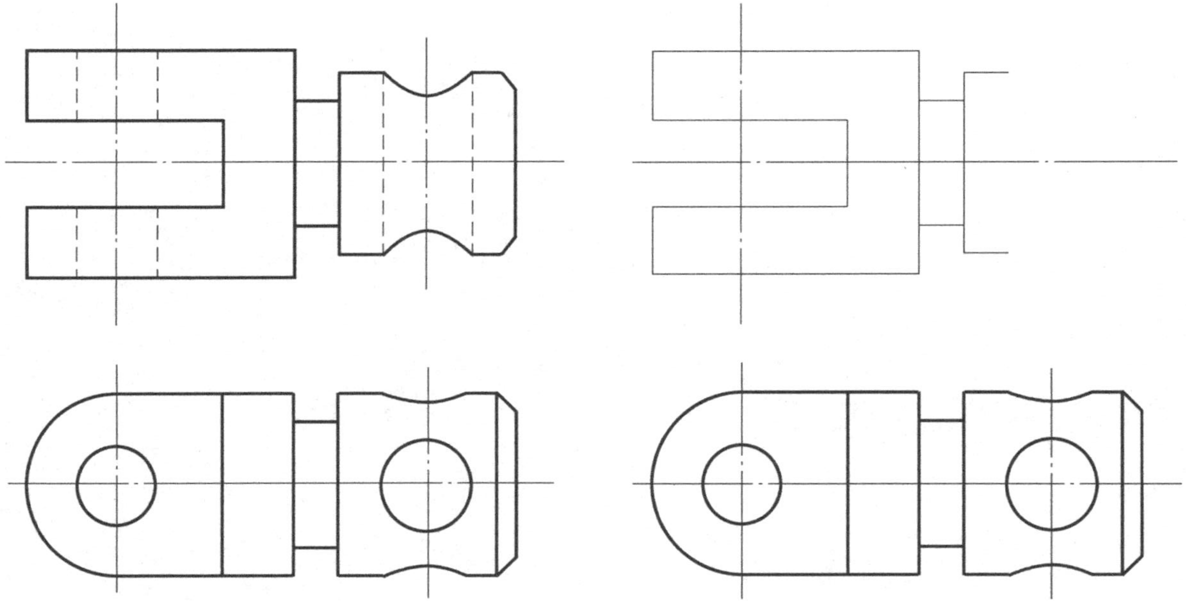

（4）读懂视图，将主、俯视图改画成局部剖视图

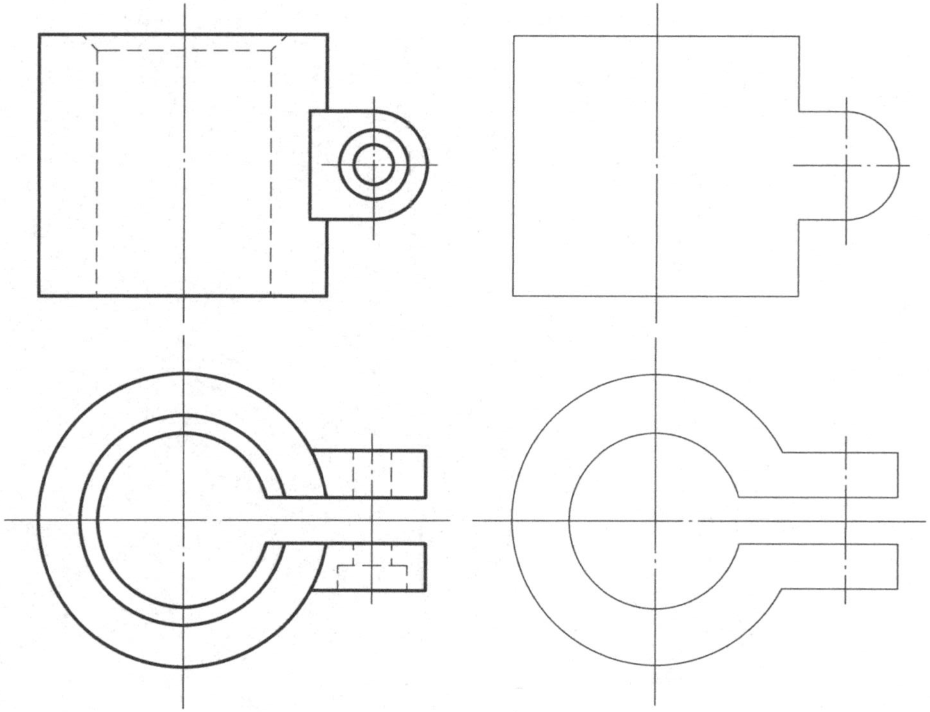

班级__________ 学号__________ 姓名__________ 成绩__________

5.3　断面图

1. 选择正确的断面图

(1)

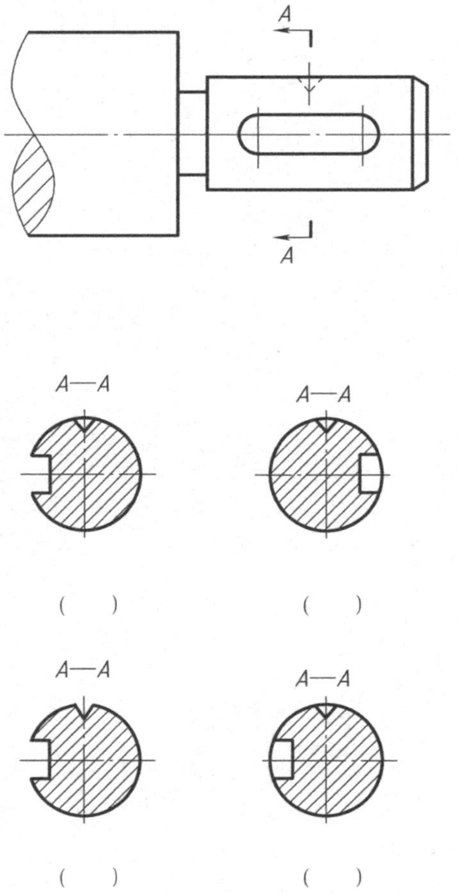

(2)

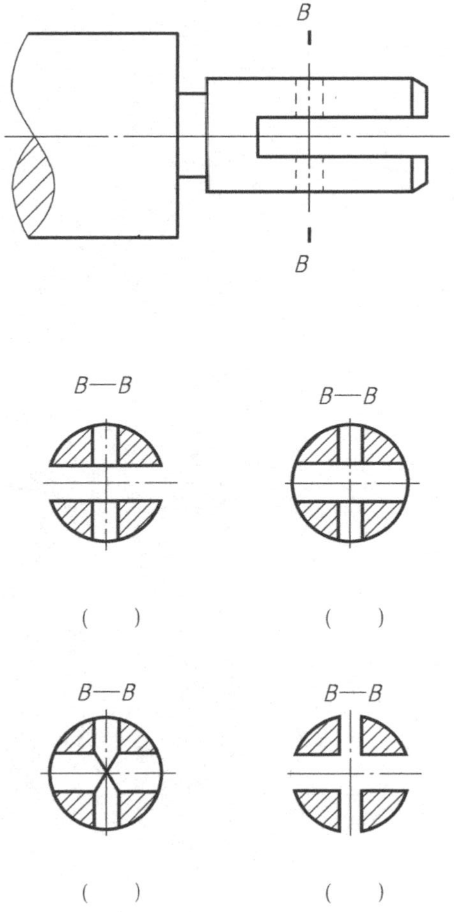

(3)

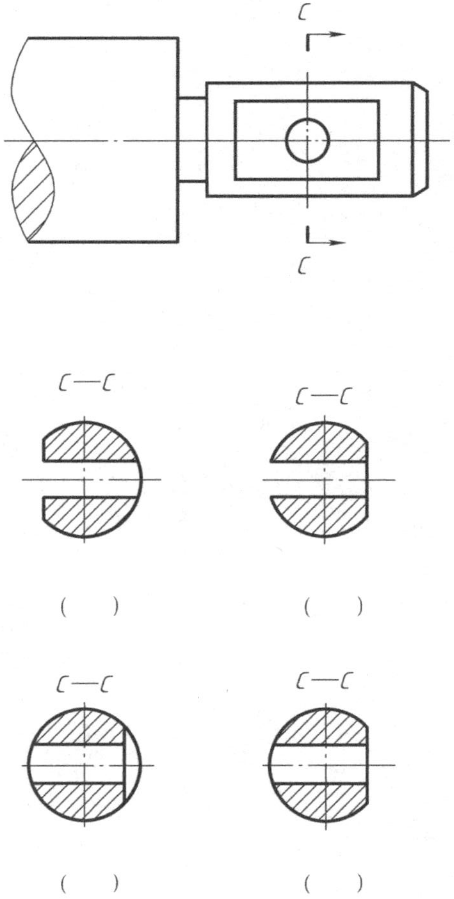

2. 在指定位置作移出断面图和局部放大图（放大比例 2:1），并按规定进行标注

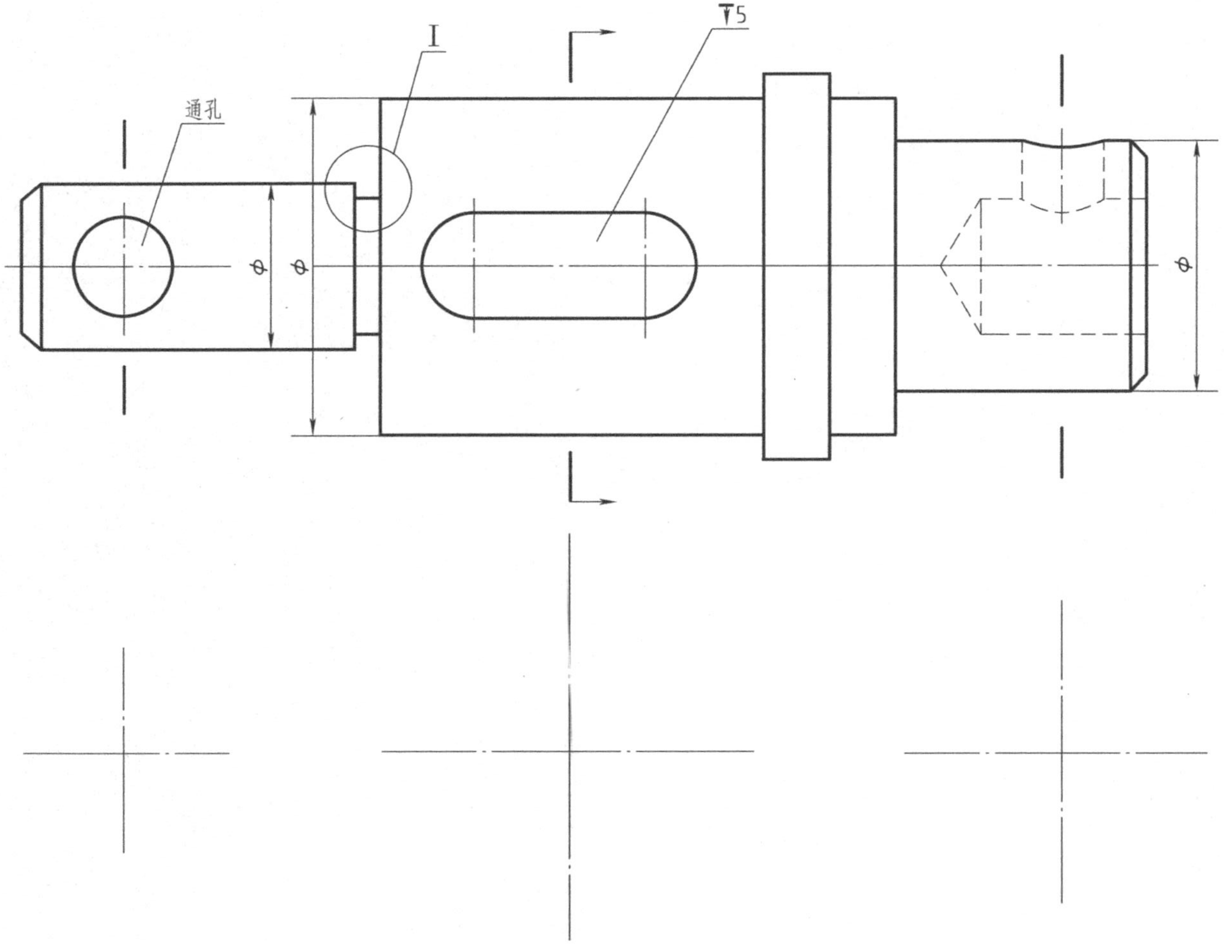

班级＿＿＿＿ 学号＿＿＿＿ 姓名＿＿＿＿ 成绩＿＿＿＿

5.4 综合实践

一、目的

1）训练合理表达机件的能力。

2）掌握剖视图的画法。

二、内容和要求

1）根据模型（轴测图或三视图）选择合适的表达方法来表达物体，并标注尺寸。

2）图名：剖视图。自选符合国标的图幅与比例。

3）要求：完整地表达机件的内外形状。标注尺寸要完整、清晰，并符合国家标准。

三、作图步骤及注意事项

1）读懂所给视图，选择适当的表达方案。

2）根据给定的图幅，选择合适的比例。

3）合理布置各视图在图纸上的位置。

4）初步绘制各视图。画图时要注意剖视图应直接画出，不应先画视图再改成剖视图；剖面线不画底稿线，在加深时一次画成；合理配置、调整各部分尺寸，完成底稿。

5）加深各视图。经仔细检查，确认无误后，加深各视图。

6）填写完成标题栏。

班级＿＿＿＿＿＿　学号＿＿＿＿＿＿　姓名＿＿＿＿＿＿　成绩＿＿＿＿＿＿

(1)

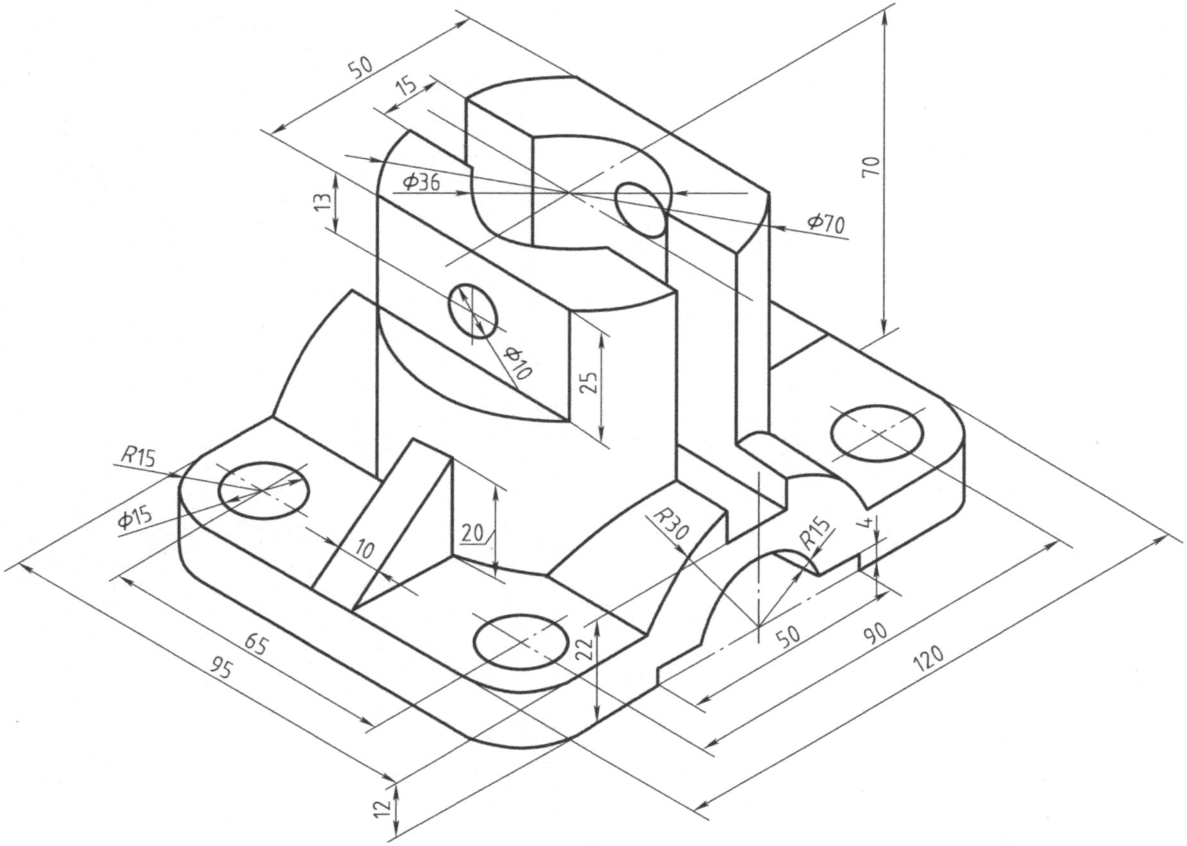
50
15
Φ36
13
70
Φ70
Φ10
25
R15
Φ15
20
10
R30
R15
4
65
95
22
50
90
120
12

(2)

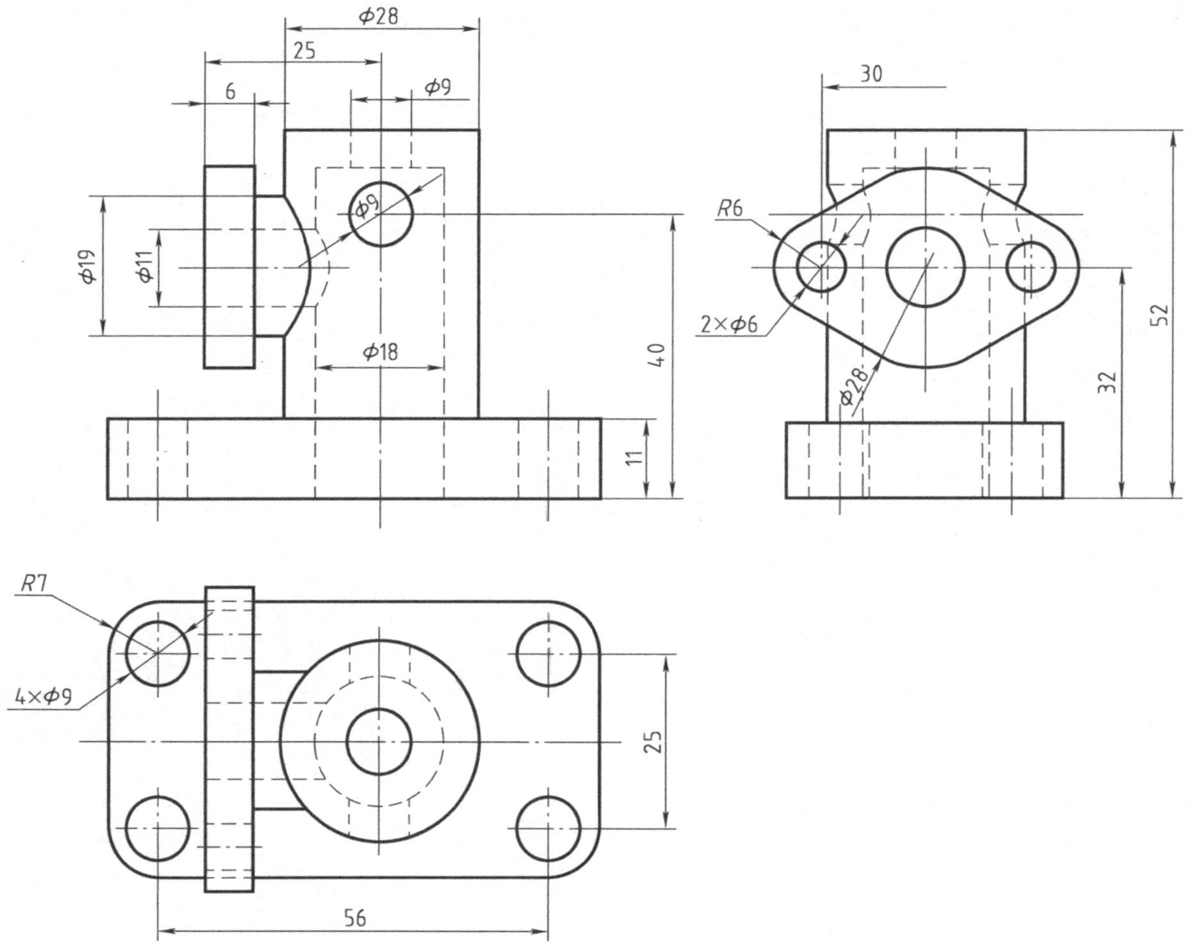

班级______ 学号______ 姓名______ 成绩______

第6章　常用零部件及结构要素的绘制与识读

6.1　螺纹及螺纹紧固件的画法

1. 解释螺纹标记的意义

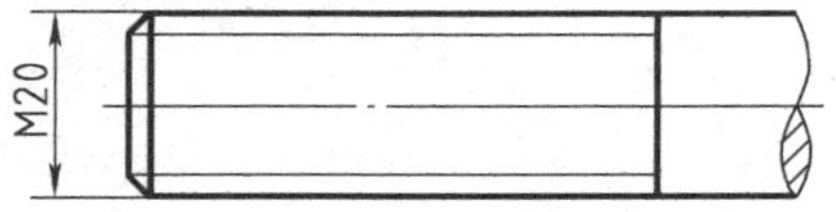

M:__________

20:__________

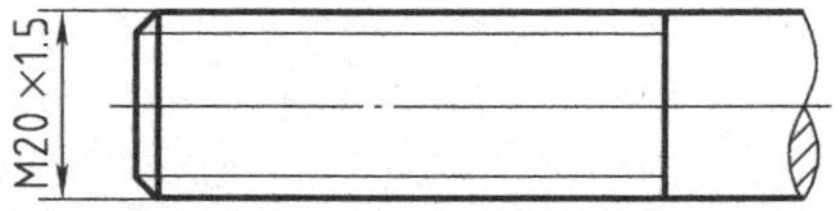

M:__________

20:__________

1.5:__________

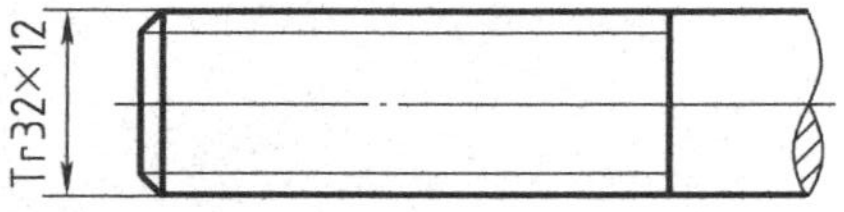

Tr:__________

32:__________

12:__________

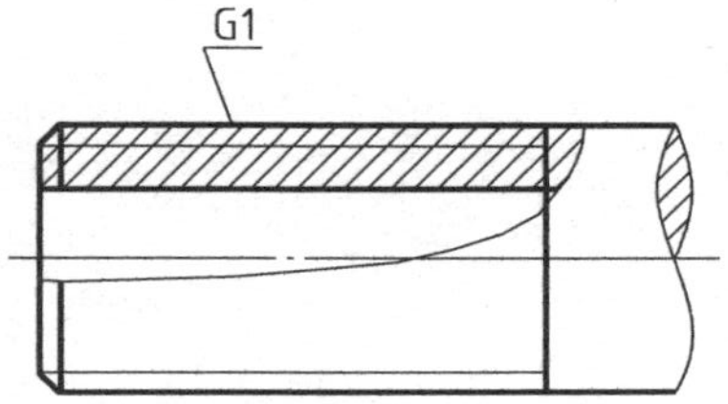

G:__________

1:__________

2. 分析螺纹画法中的错误，在指定位置画出正确的视图

（1）

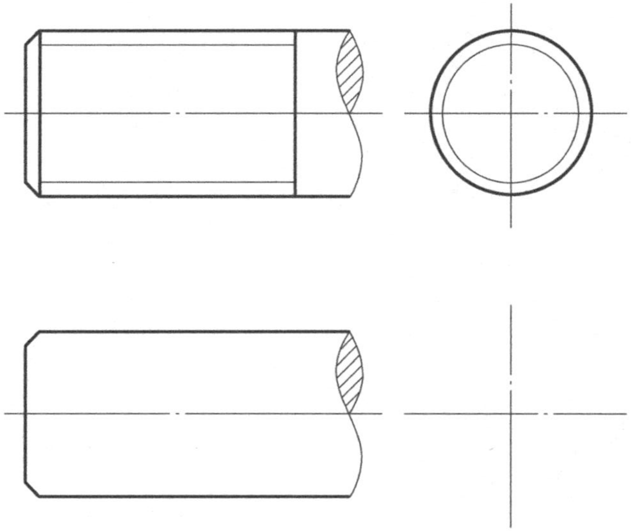

(2)

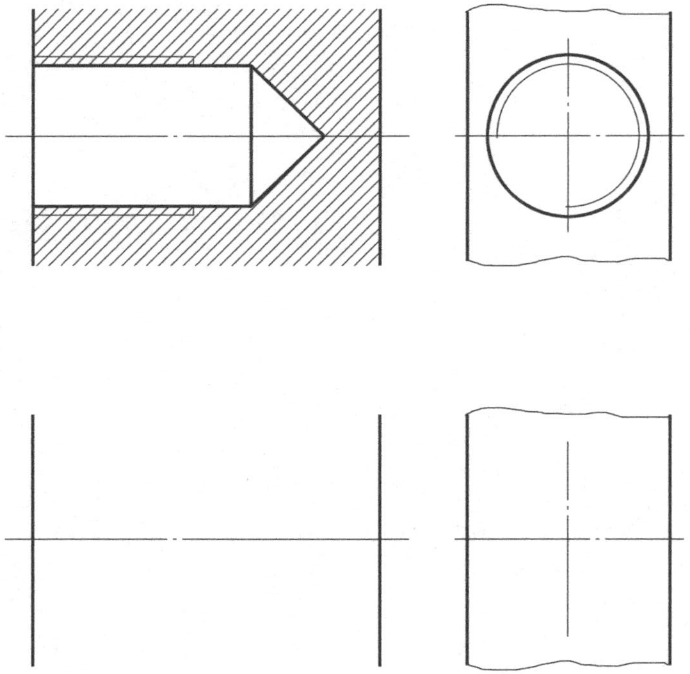

(3)

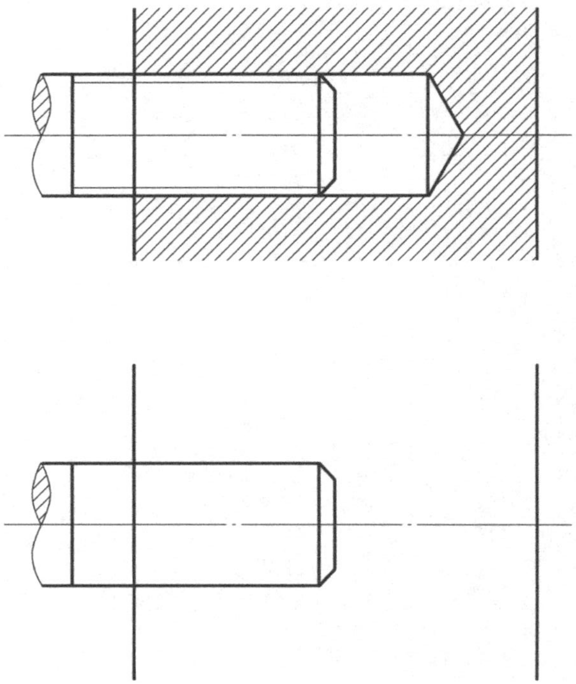

班级__________ 学号__________ 姓名__________ 成绩__________

3. 画出螺栓联接的装配图

螺栓 GB/T 5782—2000 M20 × *L*（*L* 计算后取标准值）

螺母 GB/T 6170—2000 M20

垫圈 GB/T 97.1—2002 20

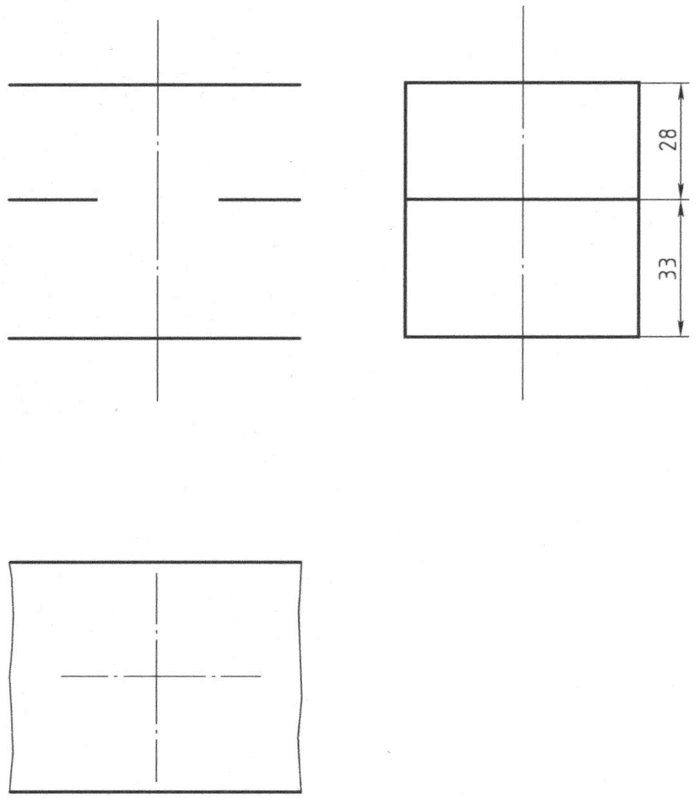

4. 画出螺柱联接的装配图

螺柱　GB/T 5782—2000　M20 × L（L 计算后取标准值）

螺母　GB/T 6170—2000　M20

垫圈　GB/T 97.1—2002　20

机座材料：铸铁

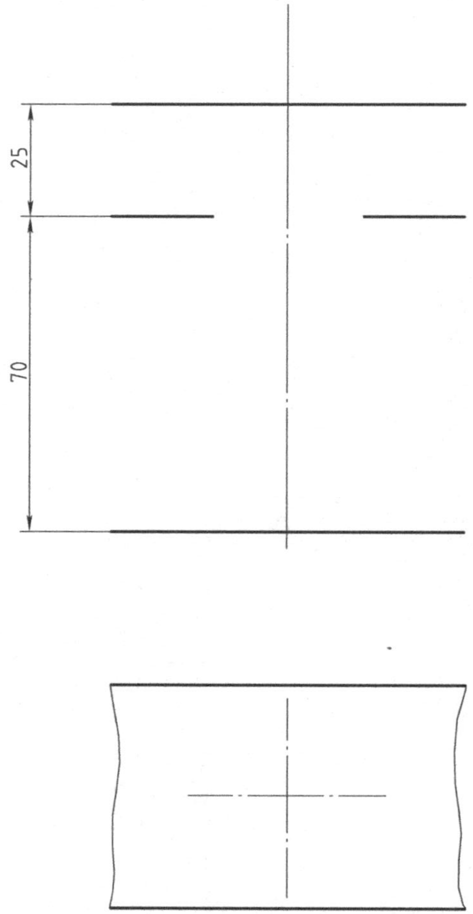

6.2 键、轴承、齿轮的画法

1. 查表画出轴和轴孔上的键槽（轴的公称直径从图上量），并标注尺寸

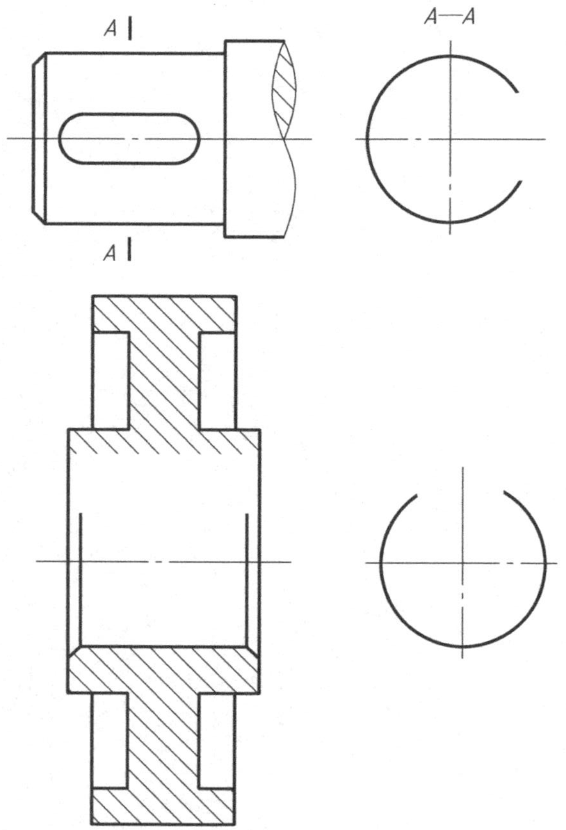

2. 画出上题中键联接的装配图

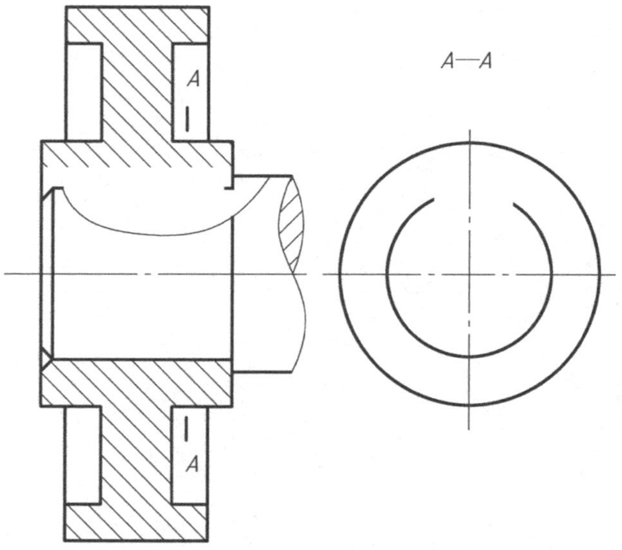

3. 检查轴承规定画法和通用画法中的错误，在右侧画出正确的视图

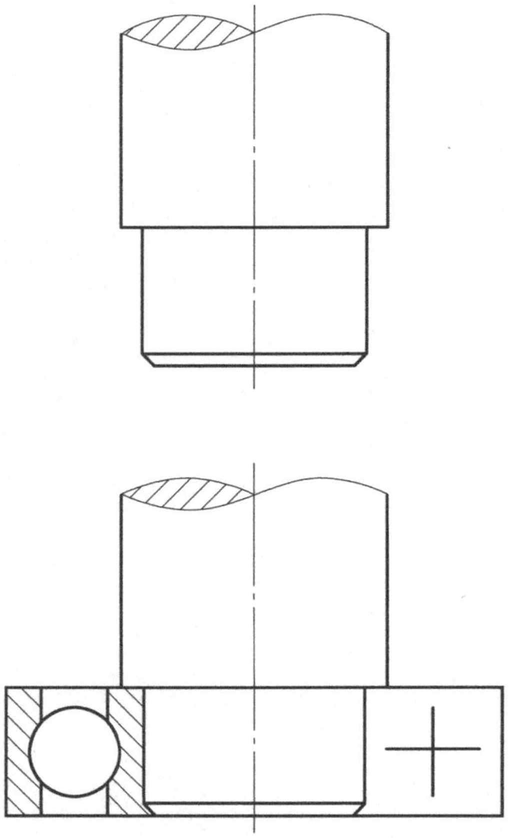

4. 补全直齿圆柱齿轮的主视图和左视图，并标注尺寸（模数 $m=3$，齿数 $z=34$）

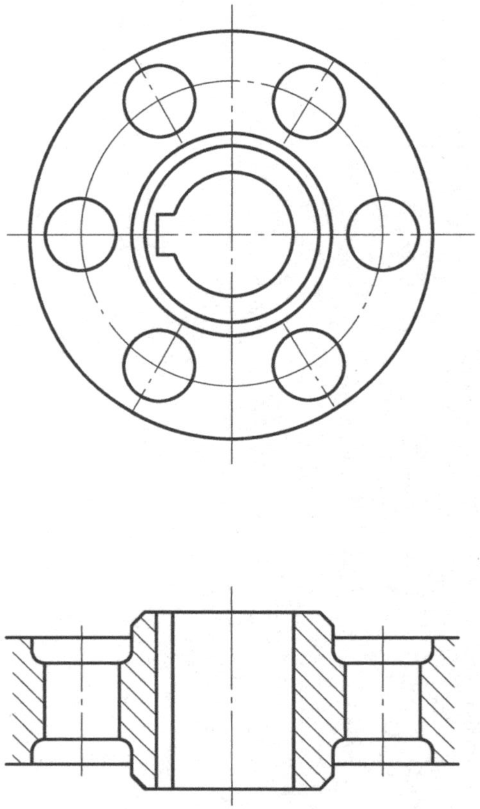

5. 补全齿轮啮合的主视图和左视图

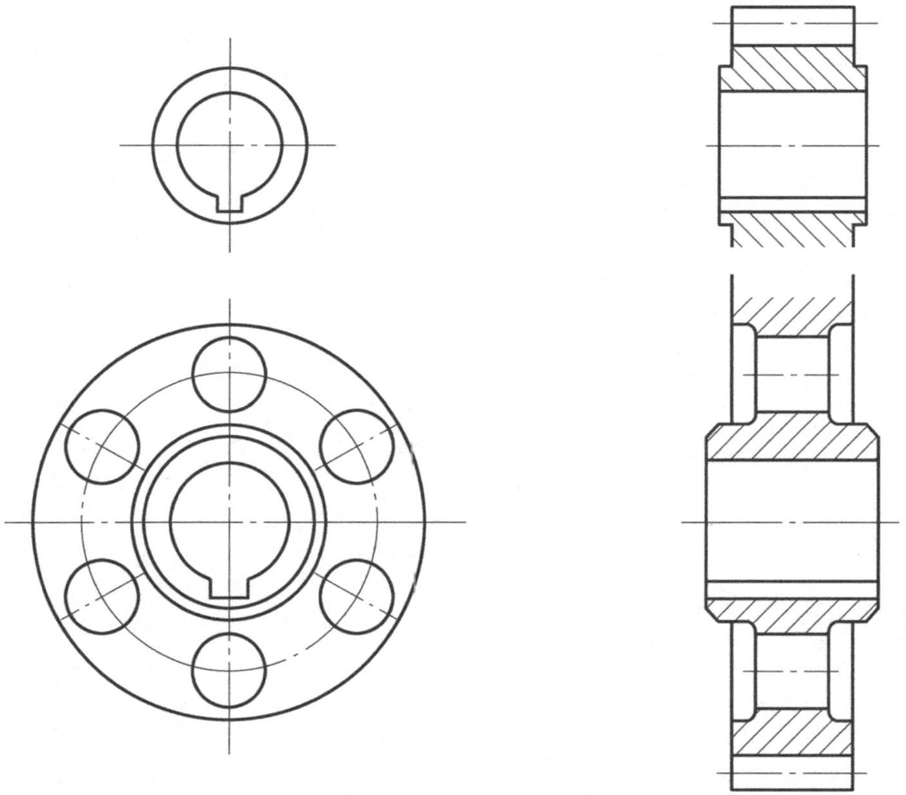

第 7 章　零件图的绘制与识读

7.1　零件图的尺寸标注

1. 合理选择基准，标注零件（轴）的尺寸，数值从图中量取（取整数）

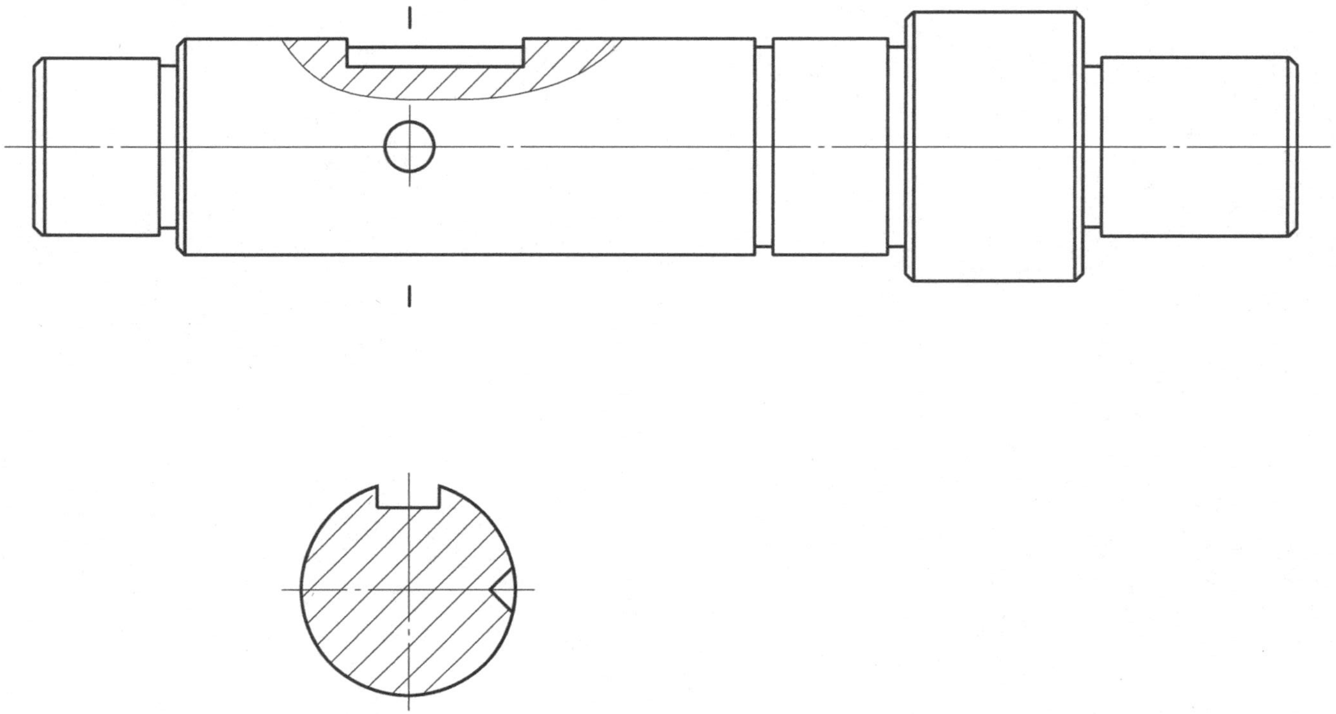

班级＿＿＿＿＿　学号＿＿＿＿＿　姓名＿＿＿＿＿　成绩＿＿＿＿＿

7.2 零件图上的技术要求

1. 在 b 图中按表中给出的 *Ra* 参数标注粗糙度值

表面	*A*	*B*	*C*	*D*	其余
Ra/μm	6.3	3.2	1.6	0.8	12.5

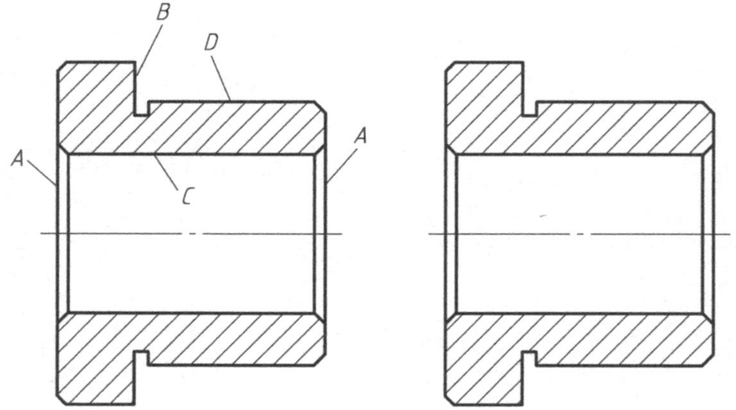

a)　　　　b)

2. 根据图中的标注，将有关数值填入表中

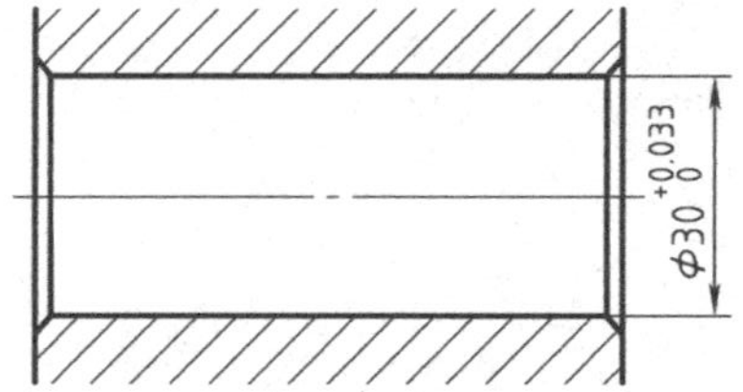

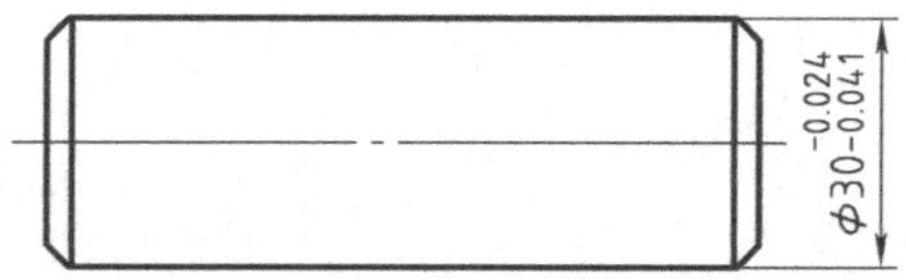

尺寸名称	数值	
	孔	轴
公称尺寸		
上极限尺寸		
下极限尺寸		
上极限偏差		
下极限偏差		
公差		

3. 根据装配图上的尺寸标注，分别在零件图上注出相应的公称尺寸和极限偏差，并解释配合代号的含义

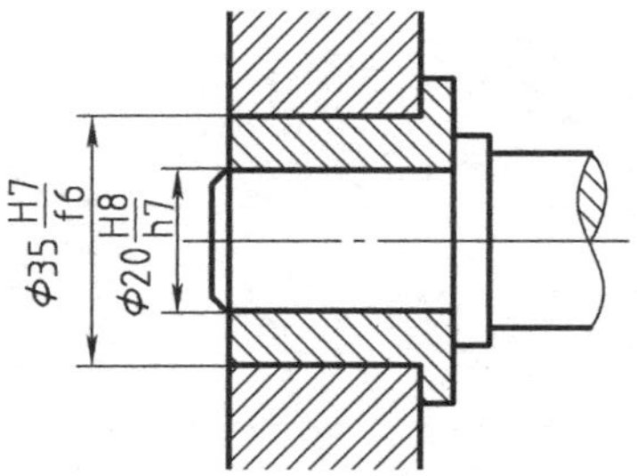

$\phi35\frac{H7}{f6}$ ______________________

____

$\phi20\frac{H8}{h7}$ ______________________

____

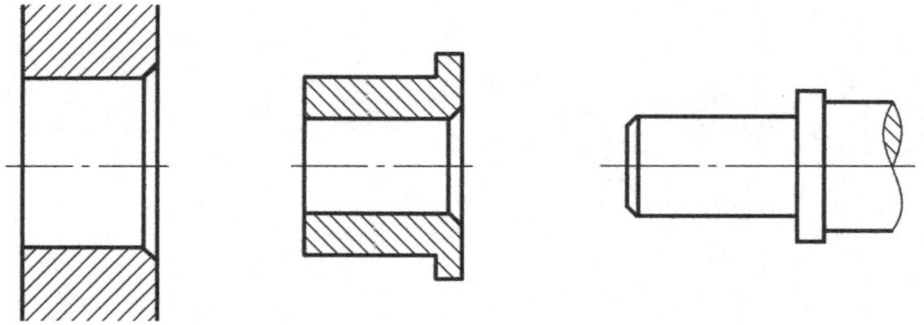

4. 已知轴与孔的公称尺寸为 $\phi35$，采用基轴制，轴的公差等级为 IT6，孔的公差等级为 IT7，公差代号为 N，要求在零件图上注出公称尺寸和极限偏差，在装配图上注出公称尺寸和配合代号

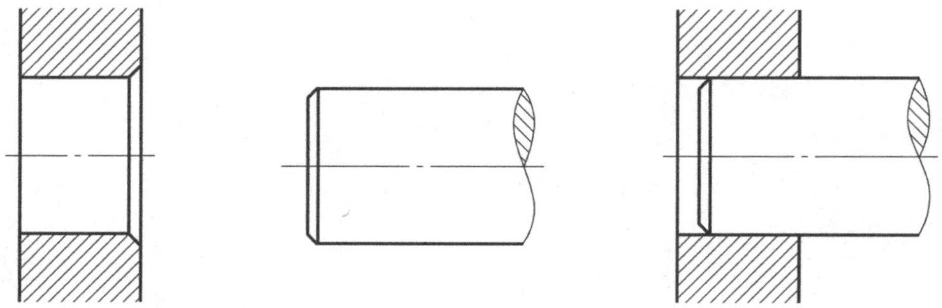

5. 填空说明下图中所注的几何公差的含义

(1)

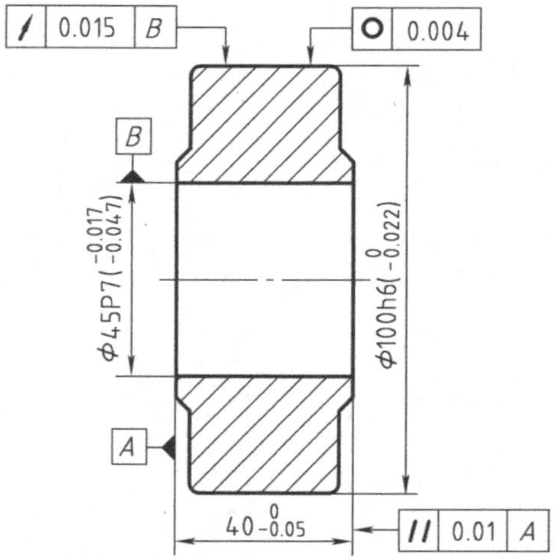

[↗ | 0.015 | B] 表示被测要素为____________，基准为________，公差项目为________，公差值为________。

[○ | 0.004] 表示 ϕ100h6 ________面的________公差为________。

[// | 0.01 | A] 表示被测要素为________，基准为____________，公差项目为________，公差值为________。

(2)

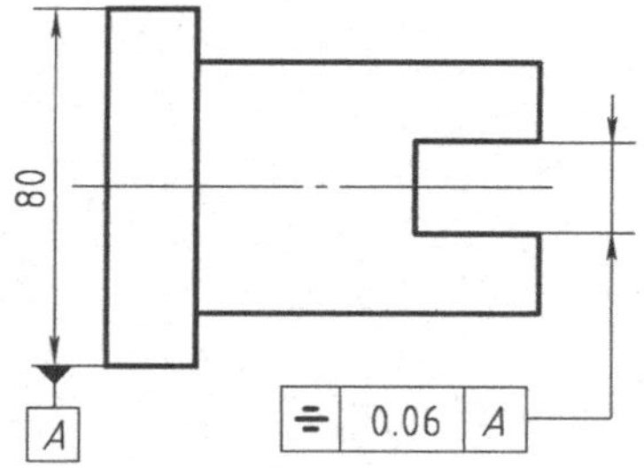

图中几何公差表示被测要素为____________，公差项目为________，基准要素为________。

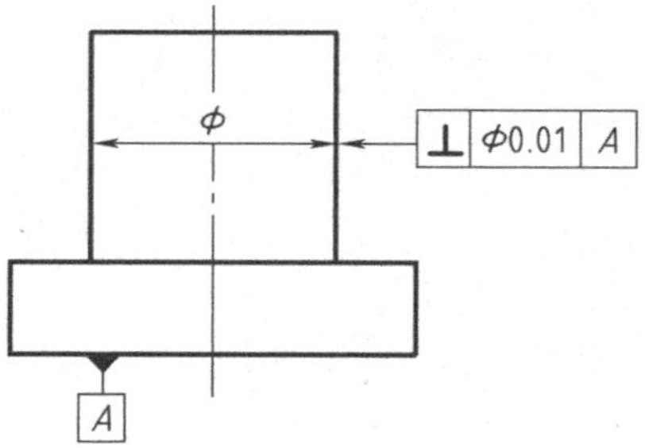

图中几何公差表示被测要素为____________，公差项目为________，基准要素为________。

7.3 零件图的识读

1. 读蜗轮轴的零件图，回答问题

1）该零件的名称为________，绘图的比例为________，材料为________。

2）描述零件图的表达方法____________________。

3）零件图中长度方向的尺寸基准为__________，直径方向的尺寸基准为________，零件总的长度为________。

4）图中键槽的长度为________ mm，宽度为________ mm，深度为________ mm，定位尺寸为________ mm，锥孔的定位尺寸为________。

5）零件上 $\phi 12h6$ 这段轴的长度为________ mm，表面粗糙度值为________ μm。

6）零件上 $\phi 12h6$ 这段轴的公称尺寸为________ mm，公差带代号为________，公差等级为________。

班级__________ 学号__________ 姓名__________ 成绩__________

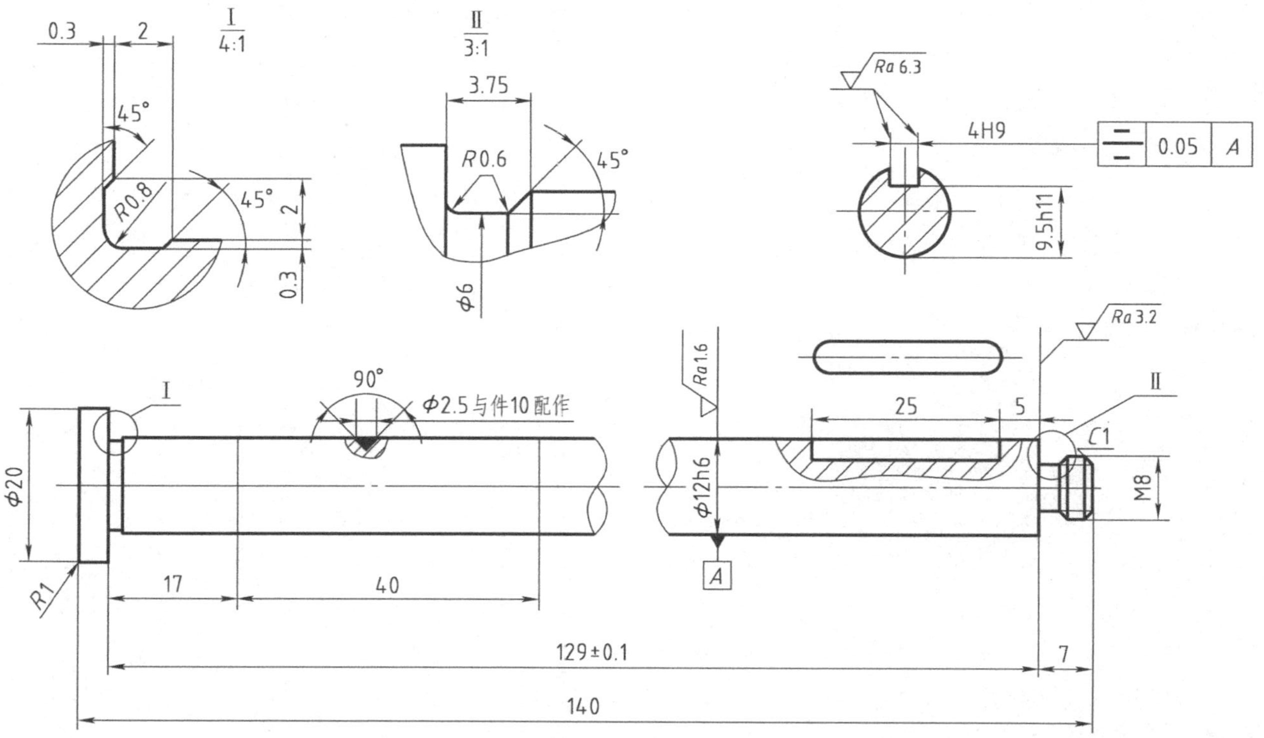

技术要求

表面淬火(45～50HRC),长度为40的轴段除外。

$\sqrt{Ra\ 12.5}$ ($\sqrt{}$)

蜗轮轴		比例	1:1	
		材料	Q235A	
制图			企业名	
审核				

班级________ 学号________ 姓名________ 成绩________

2. 读主轴的零件图，回答问题

1）该零件的名称为________，绘图的比例为________。

2）零件图中________为径向尺寸的主要基准。

3）该零件的结构形状共用三个图形表达，其中主视图采用________剖视图，另外还用了一个________图和一个________图。

4）图中键槽的长度为________ mm，宽度为________ mm，深度为________ mm，定位尺寸为________ mm。

5）沉孔的定位尺寸为________ mm，左侧退刀槽的槽深为________ mm。

6）零件上 $\phi40h6$ 这段轴长度为________ mm，表面粗糙度值为________ μm。

7）$\phi40h6\left(\begin{smallmatrix}0\\-0.016\end{smallmatrix}\right)$ 表示公称尺寸为________ mm，上极限尺寸为________ mm，下极限尺寸为________ mm，公差为________ mm。

8）公差框格 | ⊥ | 0.025 | A | 表示被测要素为 $\phi40h6\left(\begin{smallmatrix}0\\-0.016\end{smallmatrix}\right)$ 的左端面，基准要素为 ϕ ________的轴线，公差值为________ mm 。

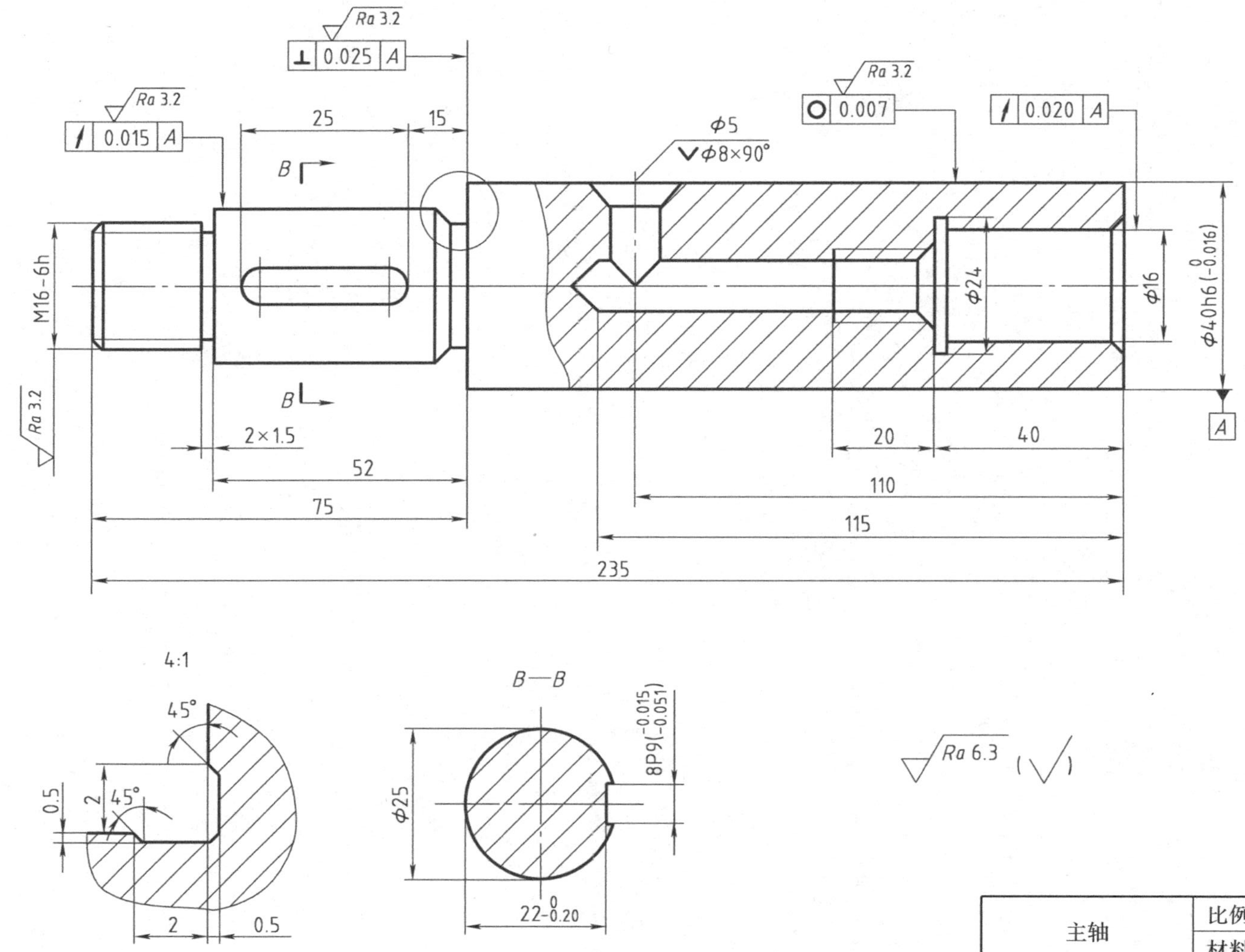

主轴		比例	1:1	
		材料	45	
制图			企业名	
审核				

班级__________ 学号__________ 姓名__________ 成绩__________

3. 读齿轮轴零件图，回答问题

1）该零件的名称为________，齿顶圆的直径为________，绘图比例为________。

2）图中键槽的长度为16mm，宽度为________ mm，深度为________ mm，定位尺寸为________ mm。

3）零件上 ϕ17k6 这段轴表面粗糙度值为________ μm。

4）图中 $28_{-0.023}^{\ 0}$ 表示公称尺寸为________ mm，公差为________ mm。

5）说明 M12 × 1.5—6g 含义：普通细牙螺纹，公称直径为________ mm，螺距为________ mm，中径和顶径的公差带代号为________的右旋螺纹。

6）图中几何公差框格 | ⊥ | 0.03 | A | 表示被测要素为 ϕ40 的左端面，基准要素为 ϕ ____的轴线，检测项目为________，公差值为________ mm。

模数 m	2	
齿数 z	18	
压力角 α	20°	
精度等级	8－7－7－De	
齿厚	3.142	
配对齿数	图号	6503
	齿数	25

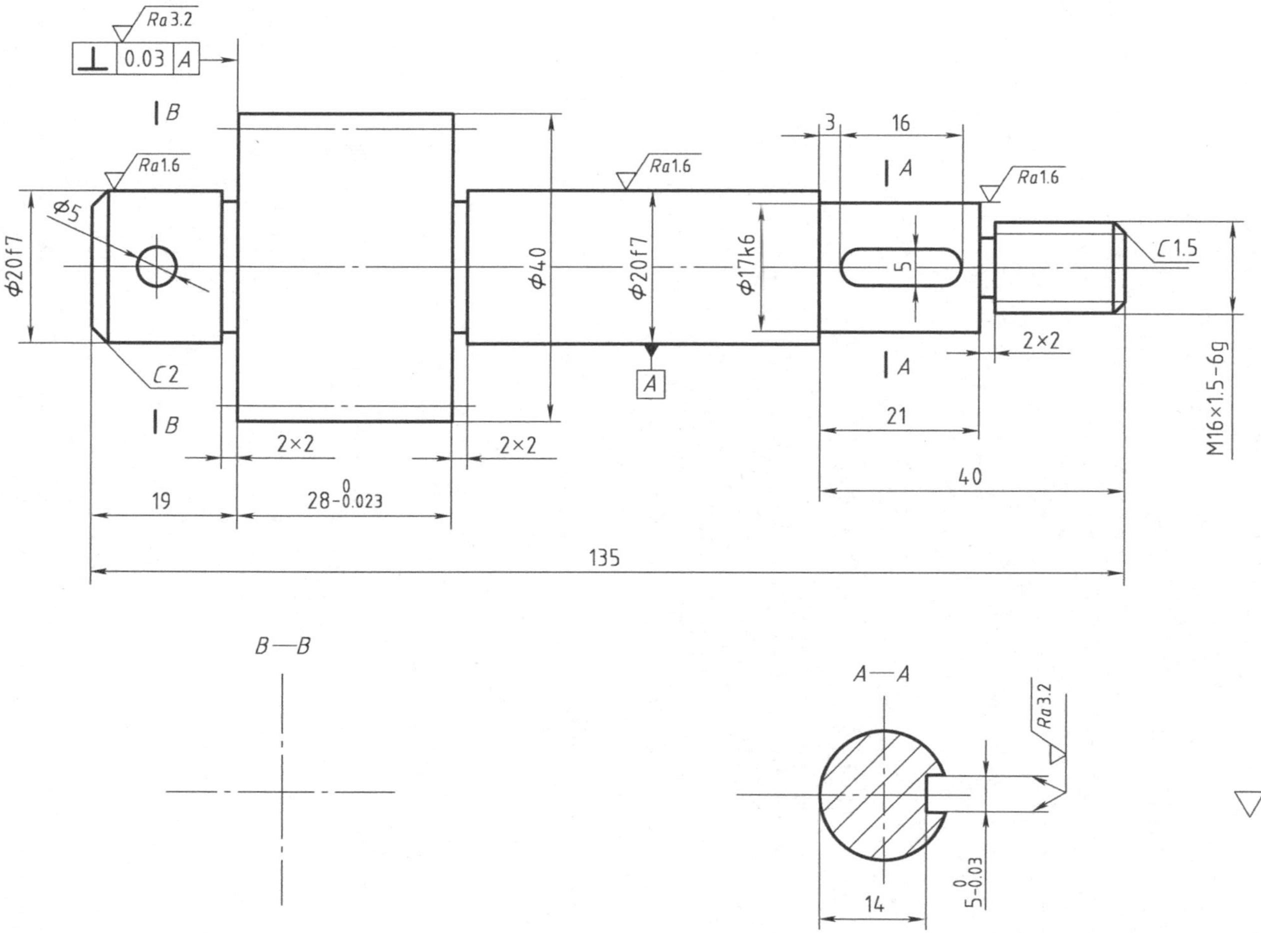

齿轮轴		比例	1:1	
		材料	45	
制图			企业名	
审核				

班级________ 学号________ 姓名________ 成绩________

4. 读法兰盘零件图，回答问题

1）该零件的名称为________，绘图的比例为________________，材料为________。

2）描述零件图的表达方法____。

3）零件图高度方向的尺寸基准为____________________，宽度方向的尺寸基准________，零件总的高度为________，总宽度为________。

4）图中凸缘上均布________个沉孔，定位尺寸为________，$\frac{3\times\phi11}{\sqcup\phi18\ \overline{\downarrow}10}$的含义为______________________________。

5）ϕ30H7 表示公称尺寸为________ mm，公差带代号为________，公差等级为________。

6）该零件左端面的表面粗糙度代号为________，右端面的表面粗糙度代号为________。

7）图中有________处有几何公差要求，解释框格 |◎|ϕ0.04|B| 的含义：被测要素为____________________，基准要素为____________________，公差项目为____________________，公差值为____________________。

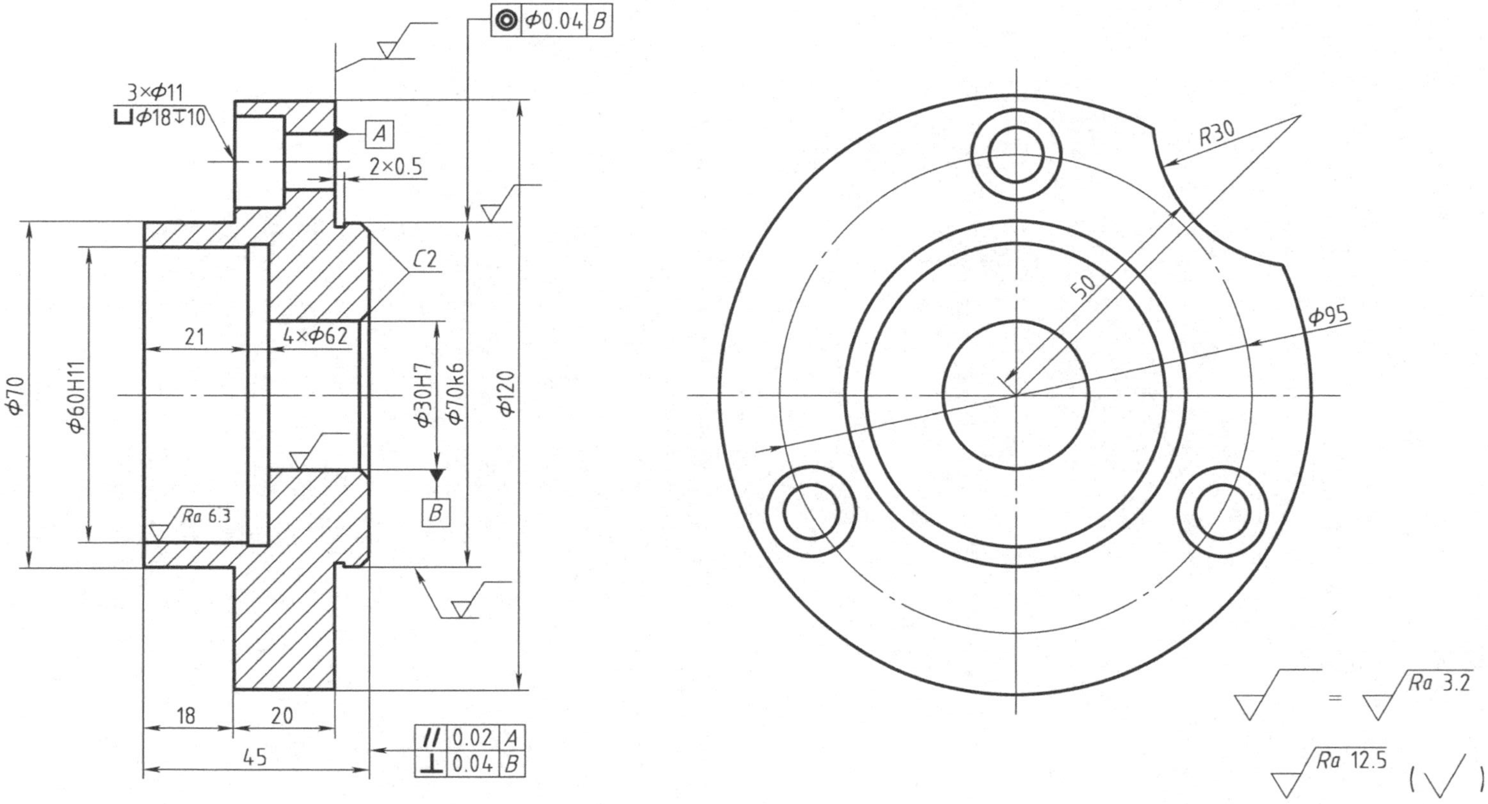

法兰盘		比例	1:1	
		材料	Q235	
制图			企业名	
审核				

班级＿＿＿＿ 学号＿＿＿＿ 姓名＿＿＿＿ 成绩＿＿＿＿

5. 读端盖零件图，回答问题

1）零件采用了________个基本视图表达零件的结构和形状，主视图为________剖视图。

2）轴线为________方向的尺寸基准，$\phi 90$ 右端面为________方向的尺寸基准。

3）$\phi 27H8$ 的公称尺寸为________，基本偏差代号为________，标准差等级为________。

4）查表确定公差代号：$\phi 16^{+0.039}_{0}$________，$\phi 55^{-0.010}_{-0.029}$________。

5）端盖大多数表面结构代号为________，Rc_1 的含义为____________________。

6）画出端盖的右视图。

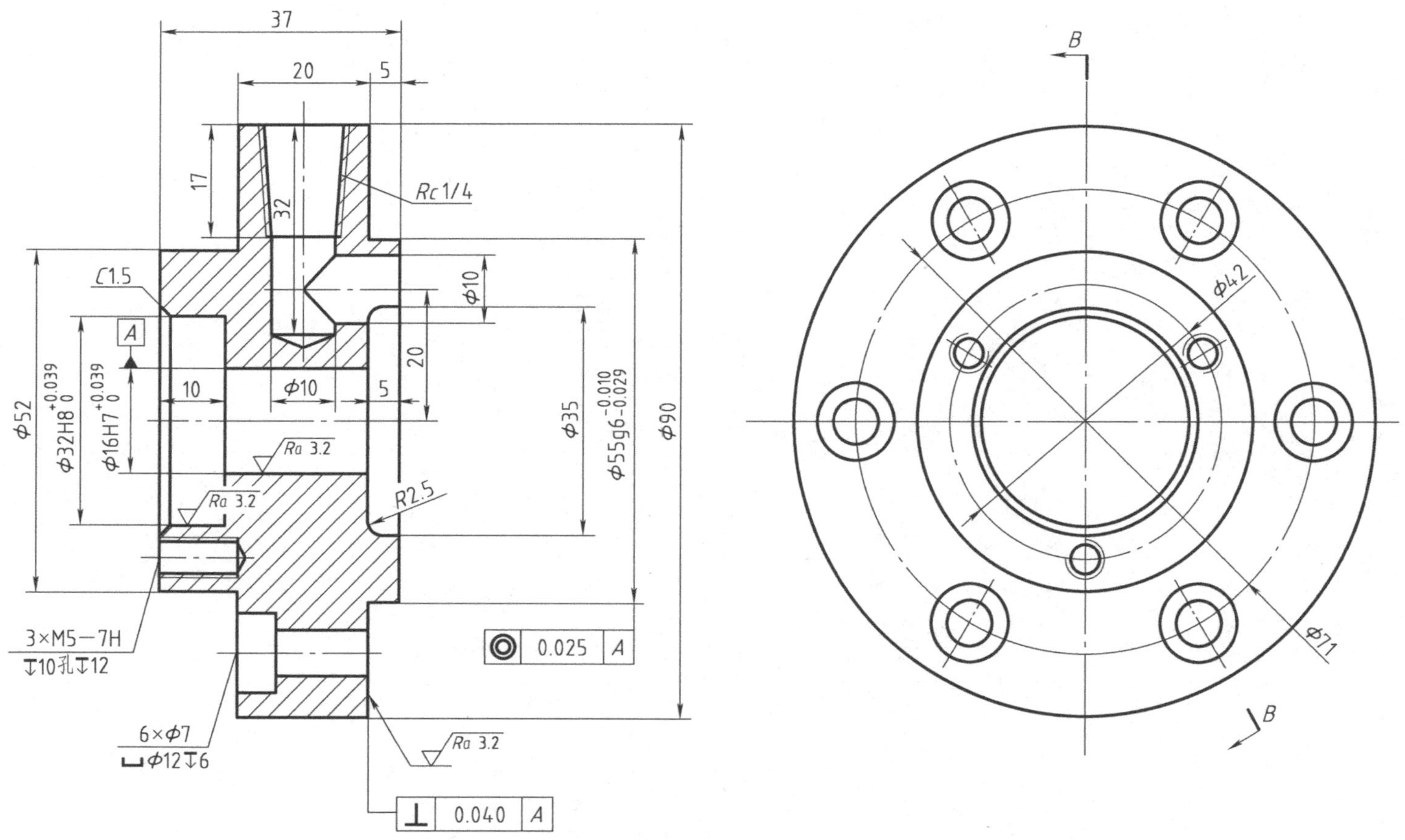

技术要求

1. 铸件不得有砂眼、裂纹；
2. 锐角倒钝。

端盖		比例	1:1	
		材料	HT200	
制图			企业名	
审核				

第 8 章　装配图的绘制与识读

8.1　读装配图

1. 读装配图回答问题

1）读懂装配图，描述阀的工作原理。

2）该装配体阀由________个零件组成，其中标准件________个。

3）该装配体主视图采用了全剖视图，表示装配体的工作原理及零件之间的连接关系，*B* 视图是为了表达________件的端部形状。

4）该装配体的总长度为________ mm，总宽度为________ mm，总高度为________ mm；图中的 $\phi 12$ 和 48 为________尺寸，G3/4 是规格尺寸，代表________螺纹。

5）6、7 两件之间是________连接。

6）尺寸 $\phi 8H7/h6$ 是件 1 和件________的配合尺寸，其中 $\phi 10$ 是公称尺寸，H7 表示________的公差带代号，h6 表示________的公差带代号，属于基________制的间隙配合。

班级__________　学号__________　姓名__________　成绩__________

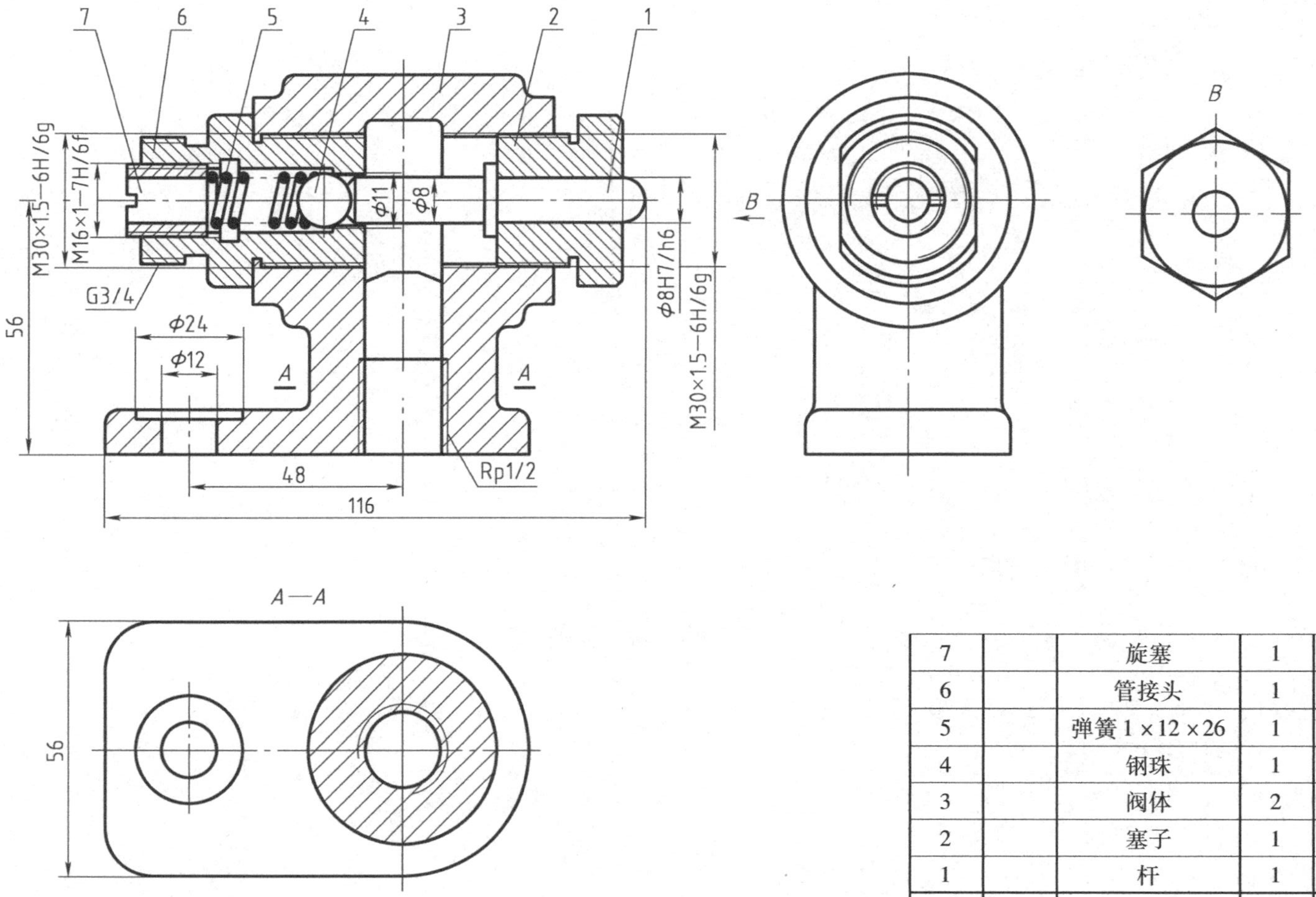

7		旋塞	1	35	
6		管接头	1	35	
5		弹簧 1×12×26	1	65	
4		钢珠	1	45	
3		阀体	2	HT200	
2		塞子	1	35	
1		杆	1	35	
序号	代号	名称	数量	材料	备注
阀			比例	1:1	
			材料		
制图			企业名		
审核					

班级________ 学号________ 姓名________ 成绩________

2. 读装配图回答问题

1）读懂装配图，描述平口钳的工作原理。

2）该装配体的名称是________，由________种共________个零件组成，其中有________种用________个标准件。

3）该装配体共用了________个图形来表达，其中主视图做了________，俯视图做了________，左视图做了________，*B* 为了表达________，另外还有一个________。

4）按装配图的尺寸分类，尺寸 0 ~ 90 属于________尺寸，尺寸 160 属于________尺寸，ϕ28H8/f8 属于________尺寸，尺寸 276、200、72 属于________尺寸。

5）尺寸 ϕ18H8/f8 是件________和________的________尺寸，其中 ϕ18 是________尺寸，H8 是________，f8 是________，它们是属于________制的________配合。

6）件 9 活动螺母与件 4 螺钉为________联接，件 9 活动螺母与件 10 丝杠为________联接，件 5 钳口板与件 3 钳身为________连接。

7）件 10 丝杠旋转时，件 9 螺母做________运动，其作用是________。

8）欲拆下件 10 丝杠，必须先旋下件________，拿掉件________，再旋出件________，才能拿出丝杠。

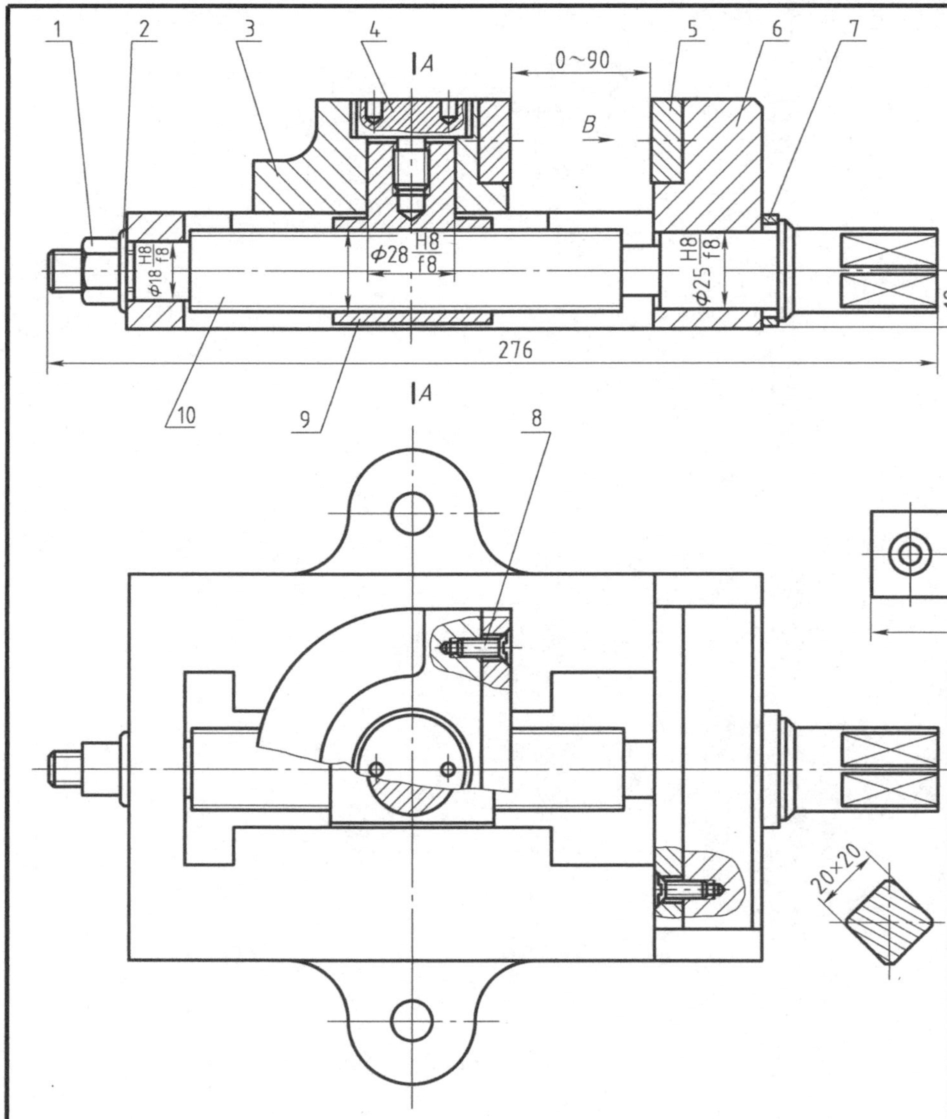

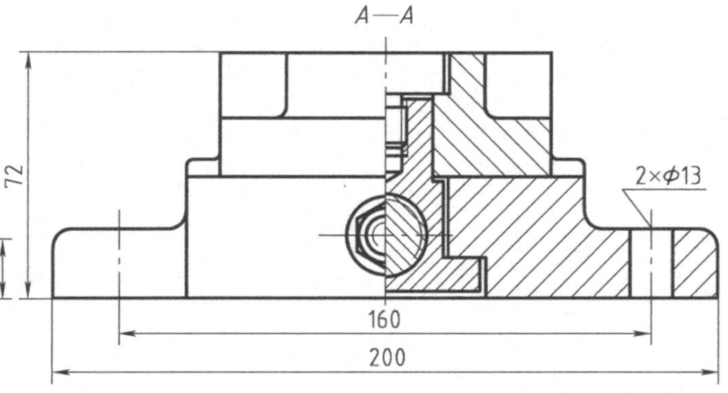

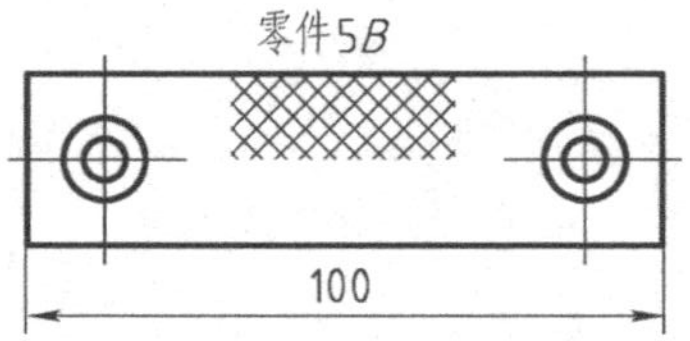

技术要求

钳口座前后移动时应无松紧及啃住现象。

序号	代号	名称	数量	材料	备注
10		丝杠	1	45	
9		活动螺母	1	H59	
8	GB/T 68—2000	螺钉 M6×16	4	Q235	
7		垫圈	1	Q235	
6		固定钳身	1	TH150	
5		钳口板	2	45	
4		固定螺钉	1	20	
3		活动钳身	1	HT150	
2	GB/T 97.1—2002	垫圈 12	1	Q235	
1	GB/T 41—2000	螺母 M12	1	Q235	

平口钳			比例	
			件数	
制图			企业名	
审核				

3. 读装配图回答问题

1）该装配体的名称是________，由________种共________个零件组成，其中有________种用________个标准件。

2）该装配体共用了________个图形来表达，其中主视图做了________剖视和________剖视，左视图做了________剖视和________剖视，俯视图采用了________画法。

3）该装配体的总体尺寸为________、________和________，尺寸 70 属于________尺寸，尺寸 27 ±0.03 是________尺寸，尺寸 ϕ33H7/h6 和 ϕ15H7/h6 是________尺寸。

4）件 1 泵盖与件 3 泵体由件________连接。件 5、件 7 和件 8 在装配体中分别起什么作用？

答：件 5 ____________________；件 7 ____________________。

5）M22 ×1.5 为________联接，其中 M22 为________，1.5 为________。

6）描述齿轮泵的工作原理。

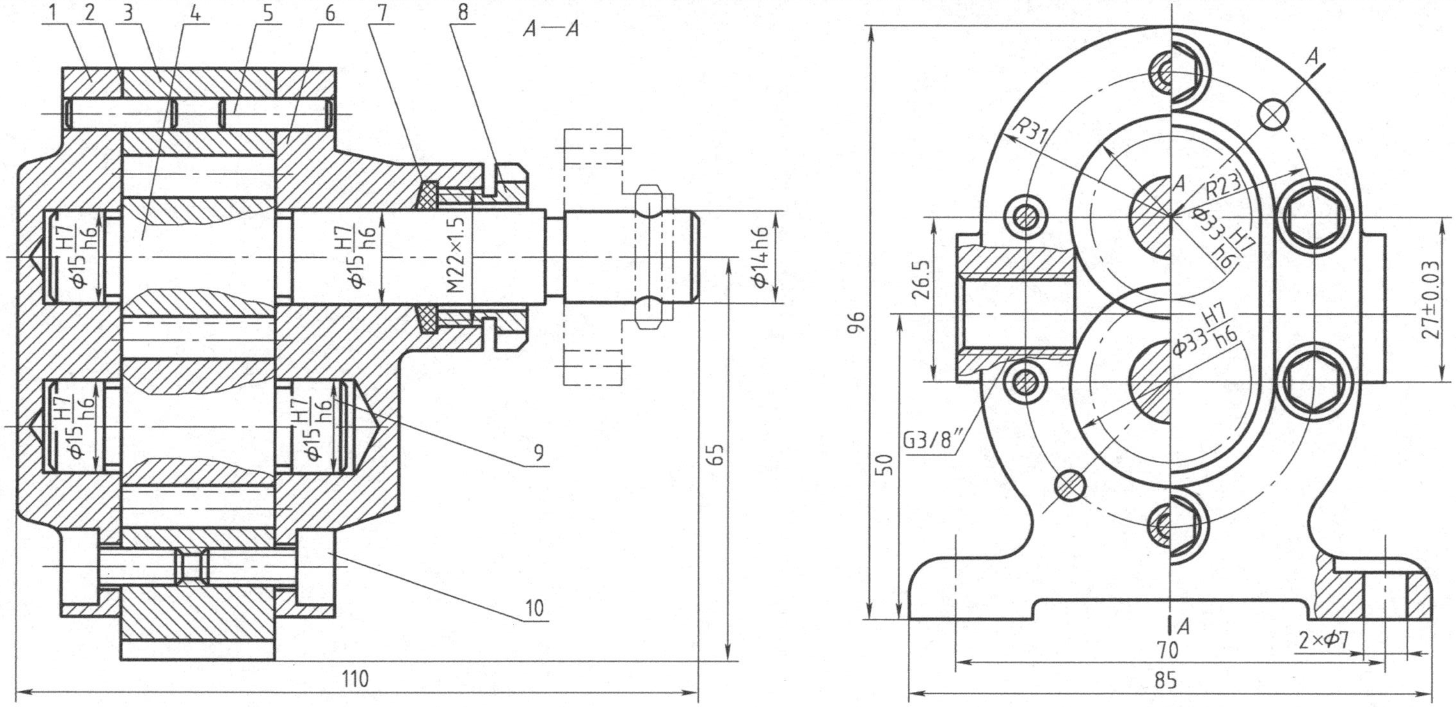

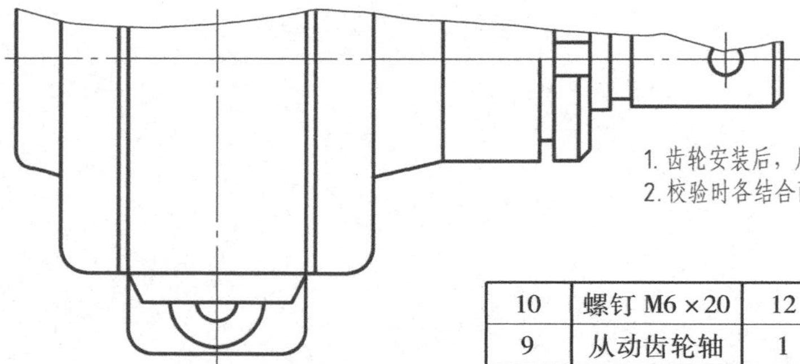

技术要求

1. 齿轮安装后，用手转动主动齿轮轴时，应灵活旋转；
2. 校验时各结合面不得有漏油现象。

序号	名称	数量	材料	附注
10	螺钉 M6×20	12	35	GB70—85
9	从动齿轮轴	1	45	$m=3$ $z=9$
8	压紧螺母	1	35	
7	填料	1	橡胶	
6	泵盖	1	HT20—40	
5	销 5×20	4	35	GB119—86
4	主动齿轮轴	1	45	$m=3$ $z=9$
3	泵体	1	HT20—40	
2	垫片	2	厚纸	
1	泵盖	1	HT20—40	

齿轮油泵		比例	1:1	
		材料		
制图		企业名		
审核				

班级________ 学号________ 姓名________ 成绩________

8.2 拆画零件图

1. 读夹线体装配图，拆画件 4 的零件图，按 1:1 比例作图

（1）目的

1）训练装配图的识读方法。

2）训练由装配图拆画零件图的方法。

（2）要求

1）视图表达完整，投影关系正确。

2）标注全部尺寸（尺寸大小由图中量取，按比例换算并取整）。

3）标注表面粗糙度值：配合面$\sqrt{Ra\,1.6}$，左右断面$\sqrt{Ra\,6.3}$，螺栓孔$\sqrt{Ra\,12.5}$，其余$\sqrt{\circ}$。

4）填写零件的名称及材料。

5）字体工整，图形清晰。

班级__________ 学号__________ 姓名__________ 成绩__________

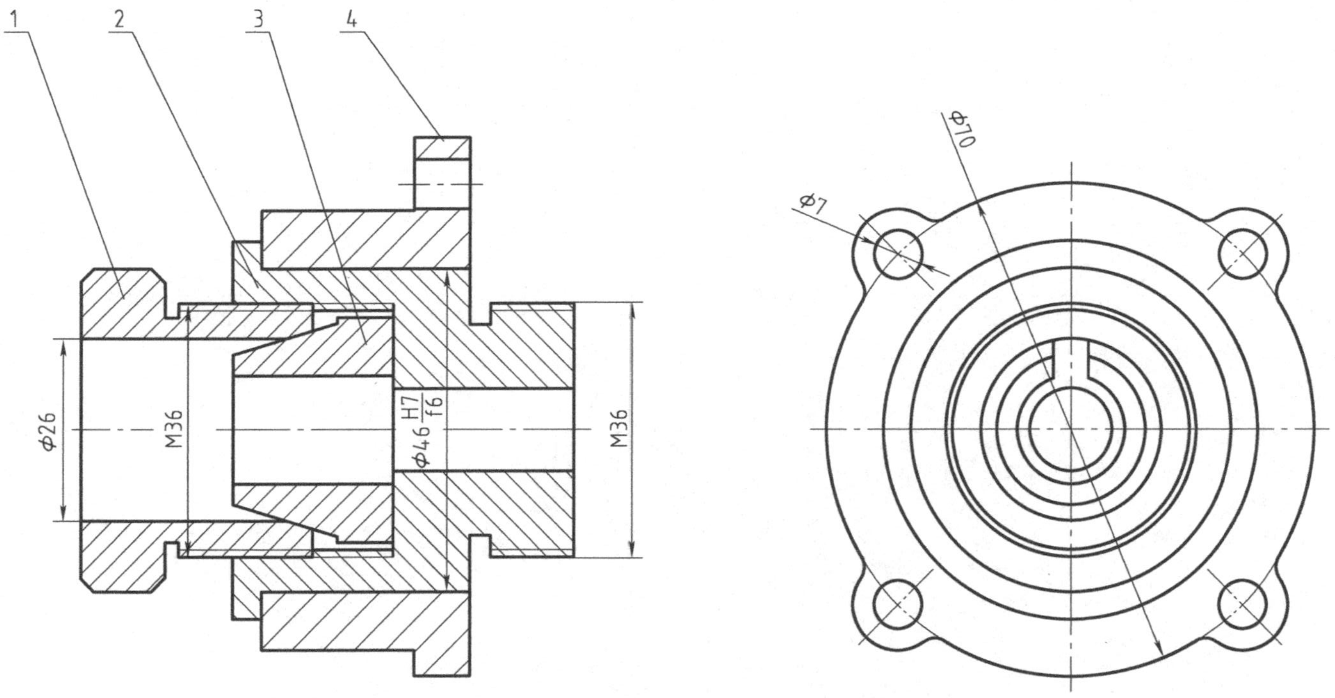

4	座	1	HT150	
3	衬套	1	A3	
2	夹套	1	A3	
1	手动牙套	1	A3	
序号	名称	数量	材料	备注
夹线体		比例	1:1	
		件数		
制图				
审核				

班级__________ 学号__________ 姓名__________ 成绩__________

2. 读滚轮架装配图，拆画零件4（滚轮）的零件图，按1:1比例画图

（1）目的

1）训练装配图的识读方法。

2）训练由装配图拆画零件图的方法。

（2）要求

1）视图表达完整，投影关系正确。

2）标注全部尺寸（尺寸大小由图中量取，按比例换算并取整）。

3）标注表面粗糙度值：配合面$\sqrt{Ra\ 1.6}$，左右断面$\sqrt{Ra\ 6.3}$，螺栓孔$\sqrt{Ra\ 12.5}$，其余✓（不去除材料）。

4）填写零件的名称及材料。

5）字体工整，图形清晰。

班级__________ 学号__________ 姓名__________ 成绩__________

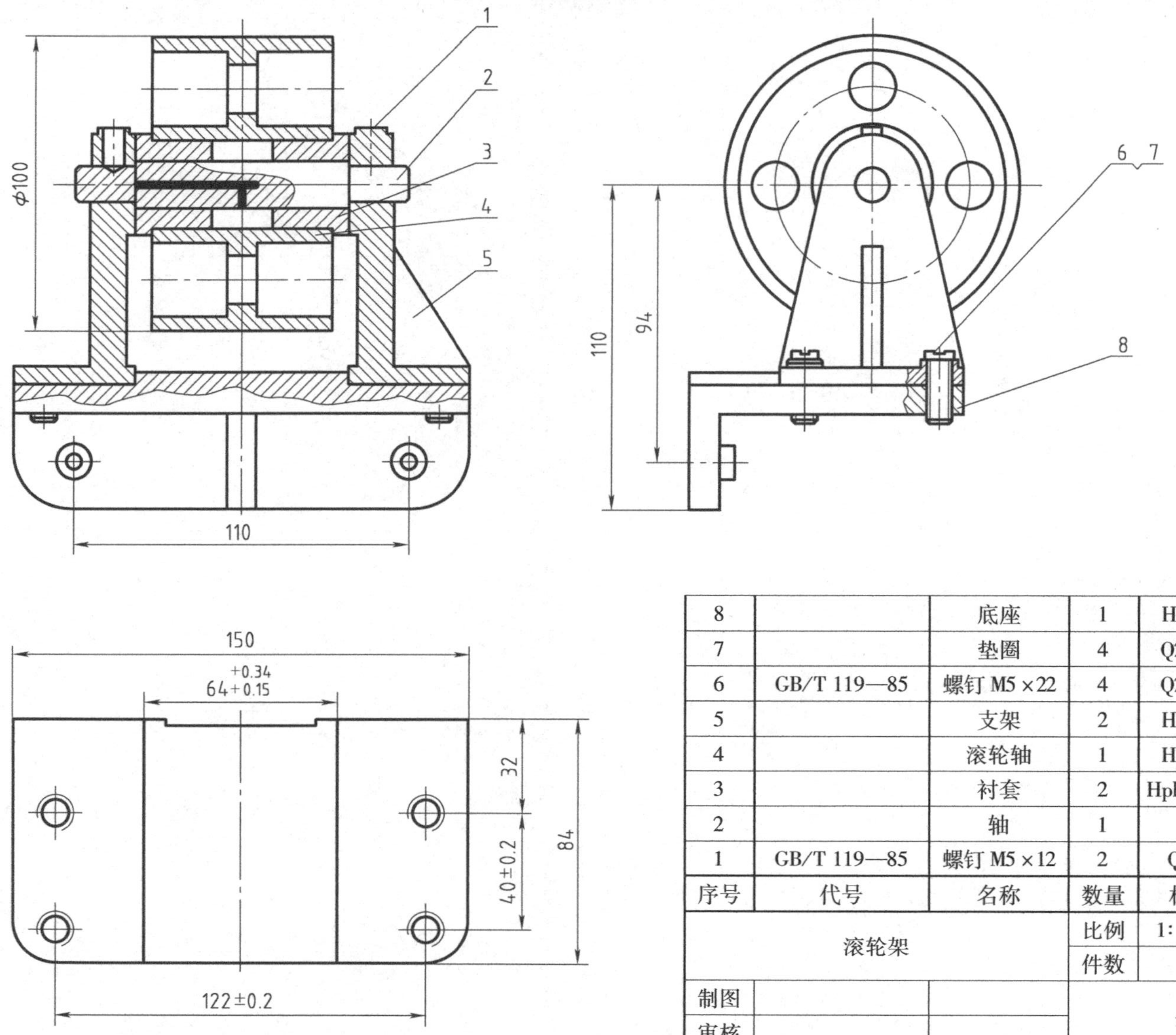

8		底座	1	HT200	
7		垫圈	4	Q235A	
6	GB/T 119—85	螺钉 M5×22	4	Q235A	
5		支架	2	HT200	
4		滚轮轴	1	HT200	
3		衬套	2	Hpbs9－1	
2		轴	1	45	
1	GB/T 119—85	螺钉 M5×12	2	Q235	
序号	代号	名称	数量	材料	备注

滚轮架		比例	1∶1
		件数	
制图			企业名
审核			

第 9 章　其他工程图样的绘制与识读

9.1　表面展开图

1. 绘制下面等径三通的表面展开图（保留作图线）

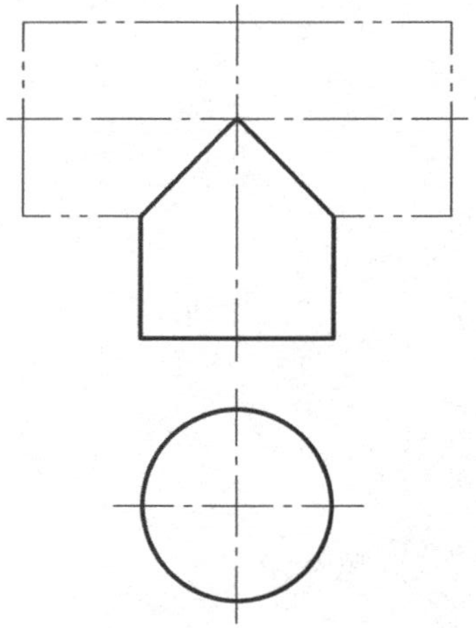

2. 绘制圆台的表面展开图（保留作图线）

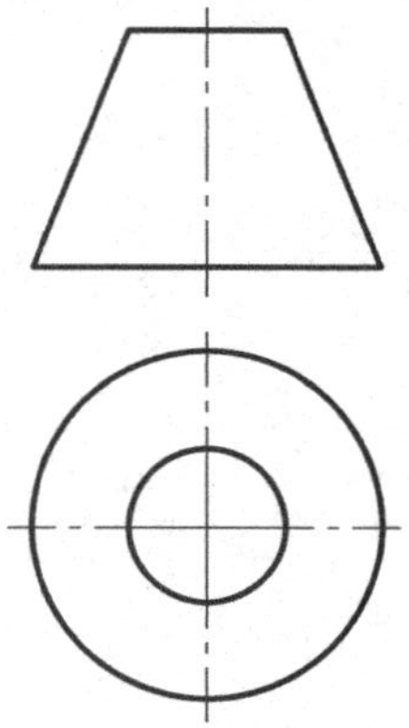

9.2 焊接图

1. 读懂轴承挂架焊接图并回答问题

1）焊接图中共有________处焊缝。

2）焊接符号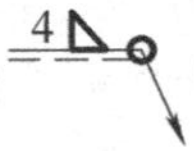中的表示________；表示________；4 表示________。

3）焊缝符号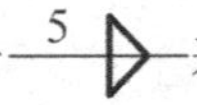表示________。

4）焊接符号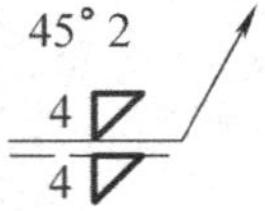中的 45°表示________。

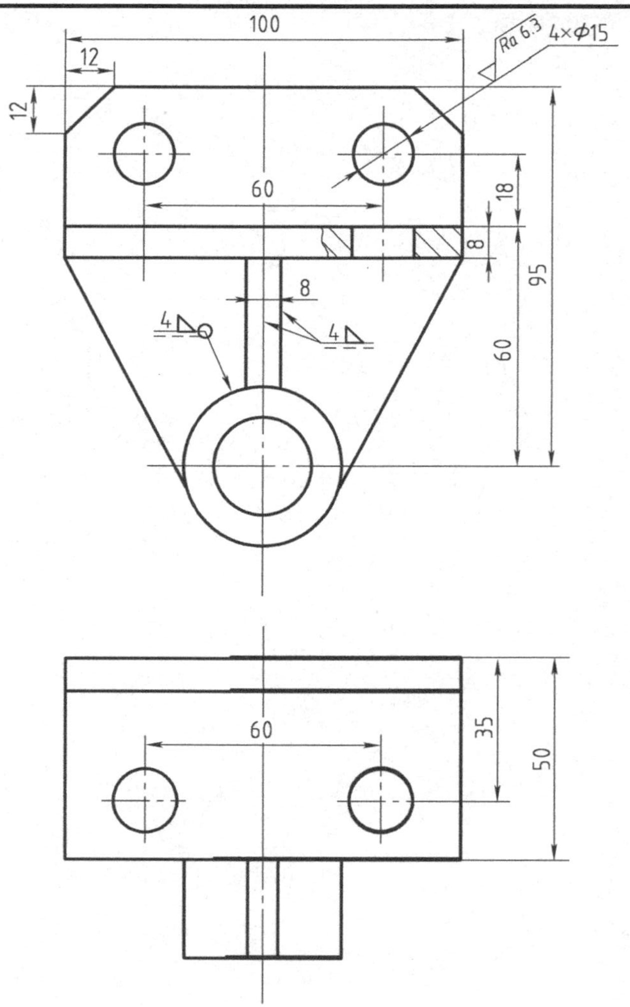

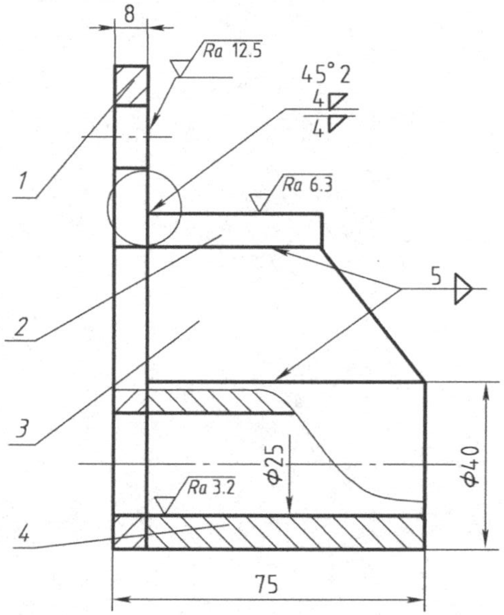

1:2

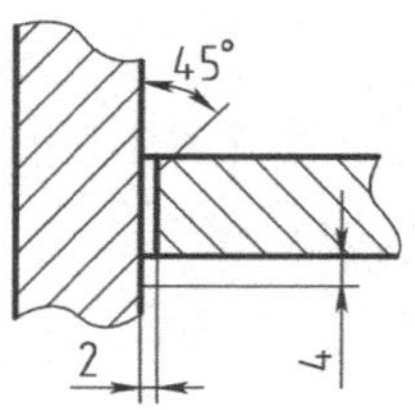

技术要求

1. 各焊缝均采用焊条电弧焊；
2. 切割边缘表面粗糙度 $Ra=12.5\mu m$；
3. 所有焊缝不得有焊透、熔蚀等缺陷。

$\sqrt{\ }$ ($\sqrt{\ }$)

序号	代号	名称	数量	材料	备注
4		圆筒	1	Q235	
3		肋板	1	Q235	
2		横板	1	Q235	
1		立板	1	Q235	

轴承挂架		比例	1:1
		件数	
制图		企业名	
审核			

班级________ 学号________ 姓名________ 成绩________

2. 读懂弯头法兰焊接图并回答问题

1）焊接符号 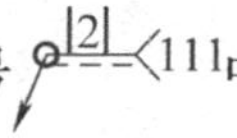 中|2|表示________，111 表示________，<表示________。

2）焊接符号 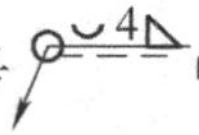 中◯表示________，◡表示________，⊿表示________。

3）图中左上部法兰与弯管连接采用角焊的环焊缝，角焊高度为 6mm。试在方框处，用焊接符号表示。

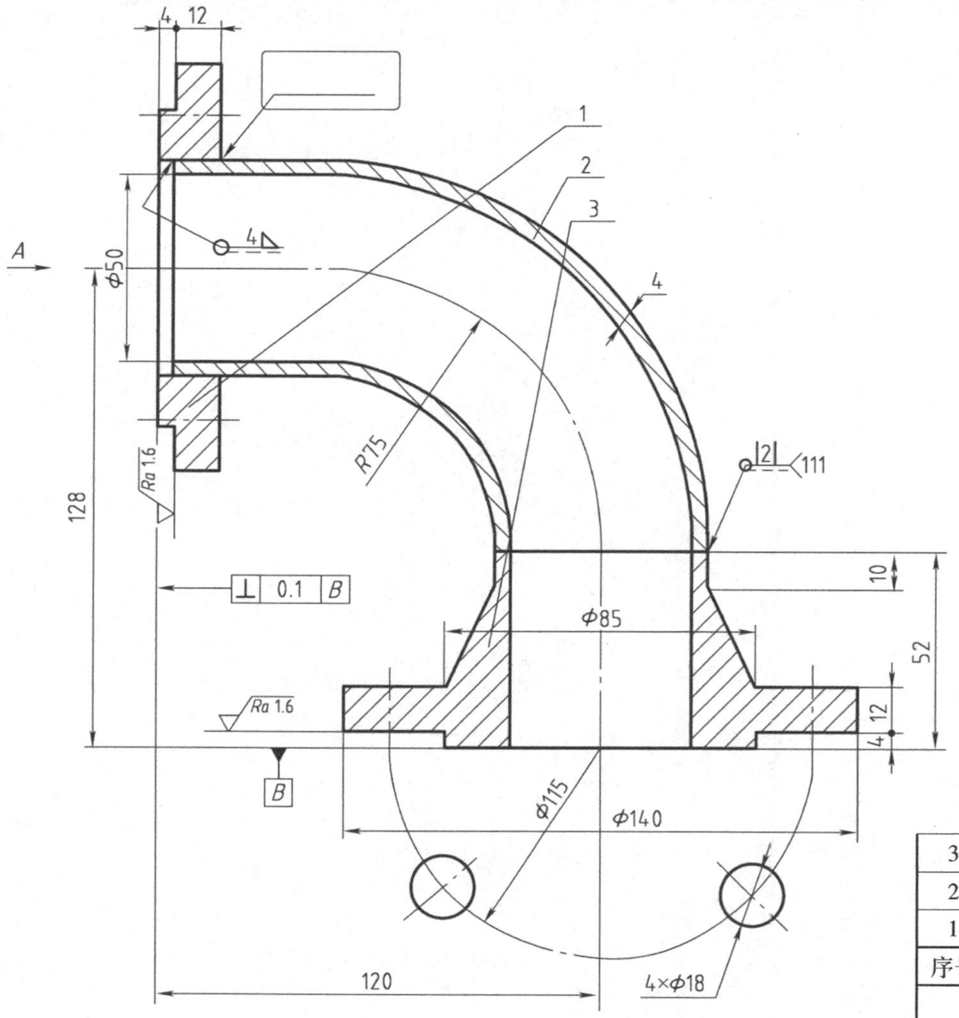

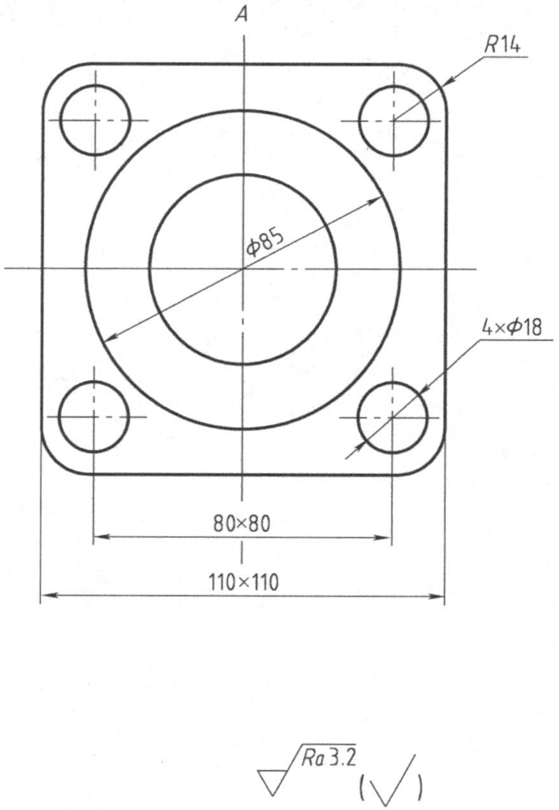

3		底盘	1	Q235	
2		弯管	1	Q235	
1		法兰盘	1	Q235	
序号	代号	名称	数量	材料	备注
弯头法兰			比例	1:1	
			件数		
制图			企业名		
审核					

班级________ 学号________ 姓名________ 成绩________

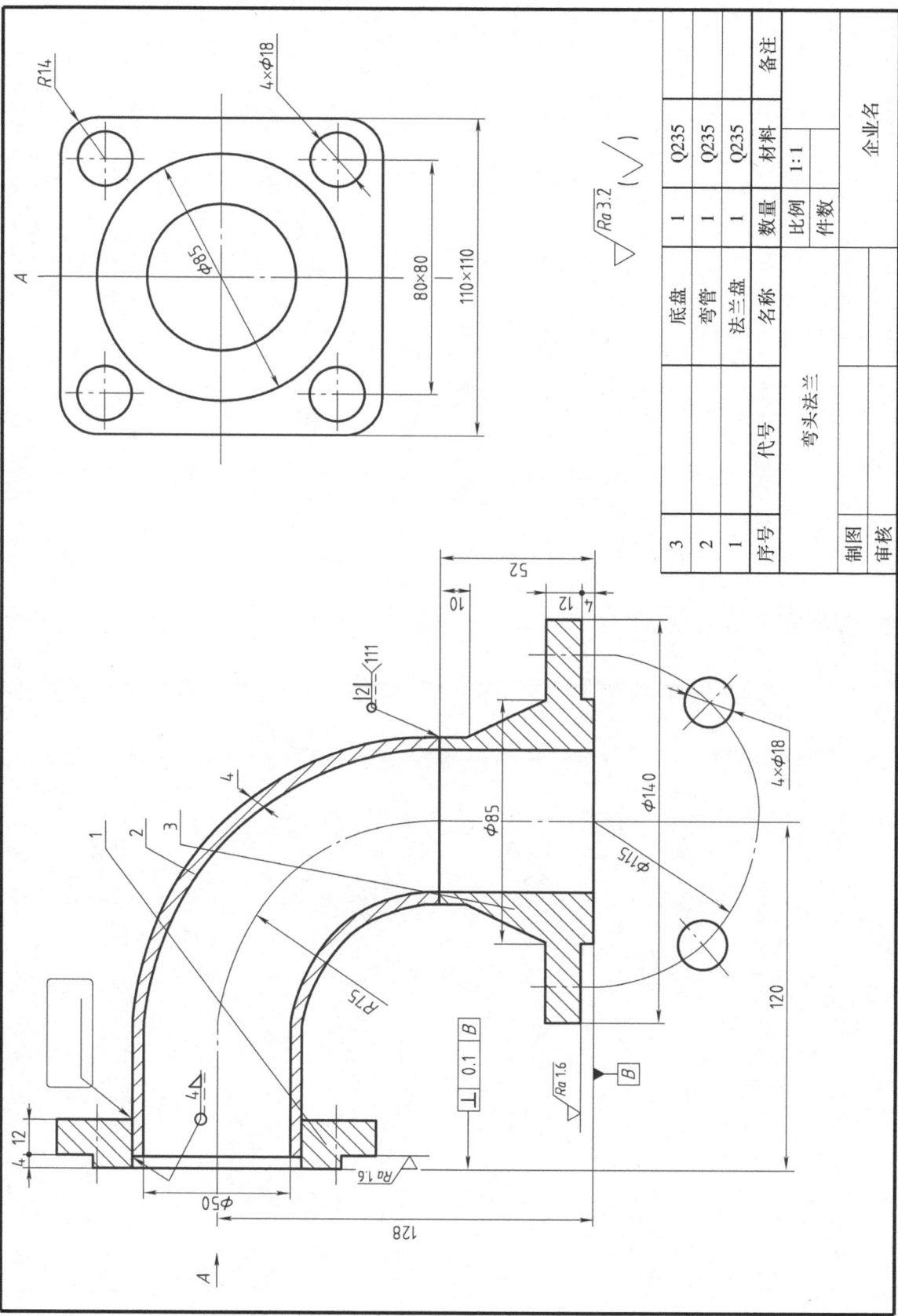

9.3 电气工程图

1. 写出下列图形符号所表示元件的含义

班级____________ 学号____________ 姓名____________ 成绩____________

2. 读懂某齿轮磨床电路图并回答问题

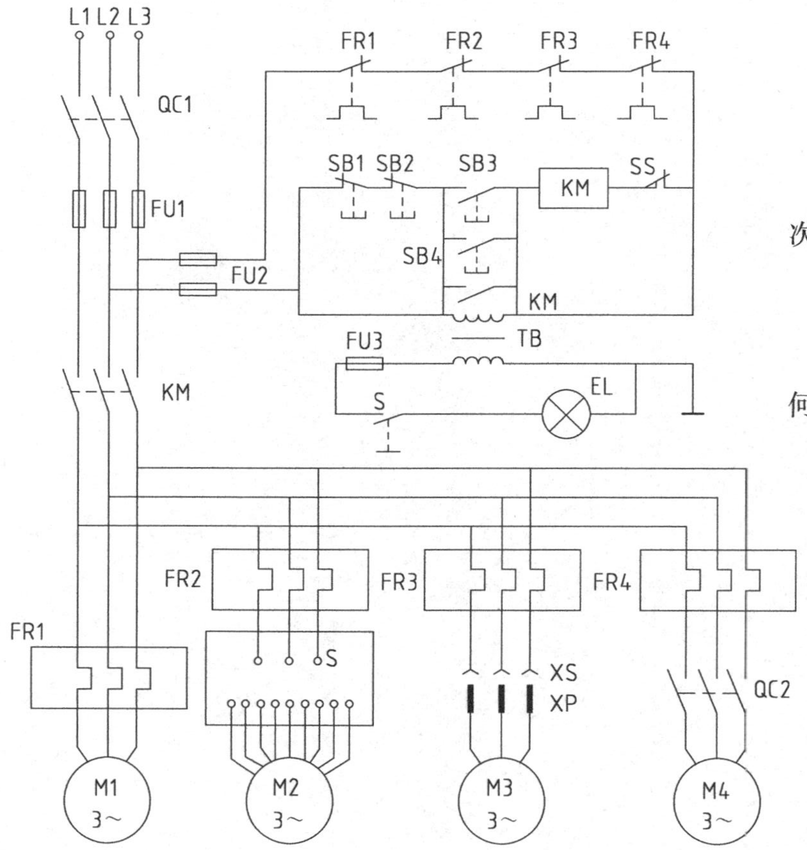

1）该系统选用了几台、何种类型、电压为多大的电动机？

2）该图中标注“TB”及相应的图形符号表示何种元器件？其一次线圈电压为多大？二次线圈电压一般为多大？

3）图形文字符号“QC1”“FU1”“KM”“FR1”“SB1”各表示何种元器件？

4）图中“FU1”“FU2”“FU3”各起何作用？

3. 读懂某刨床电路图并回答问题

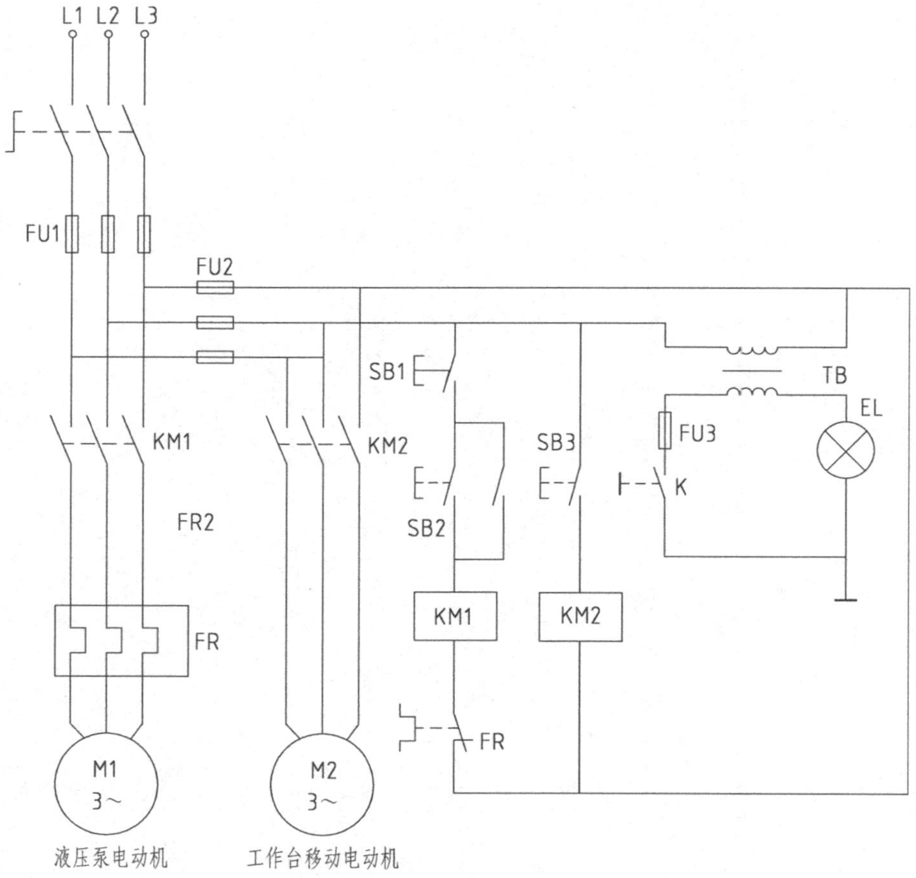

1）简述该电路的工作原理。

2）简述该电路系统中，“KM1”和“KM2”的结构和工作过程有何不同。

第 10 章　计算机绘图

10.1　直线的绘制

1.

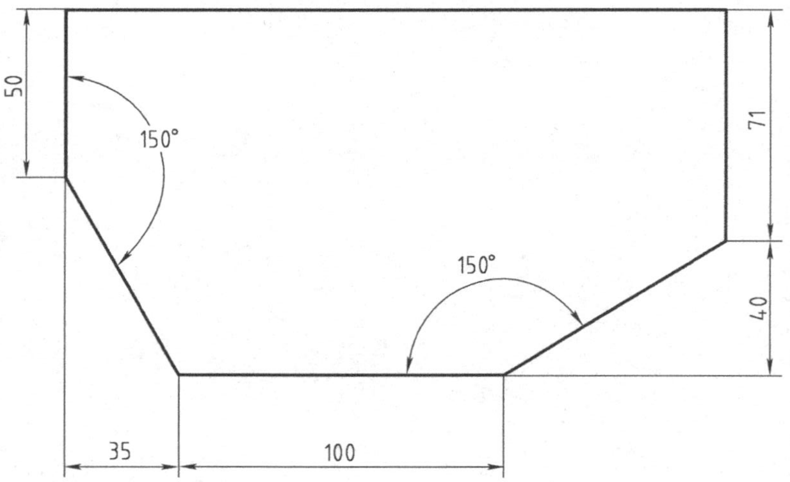

2.

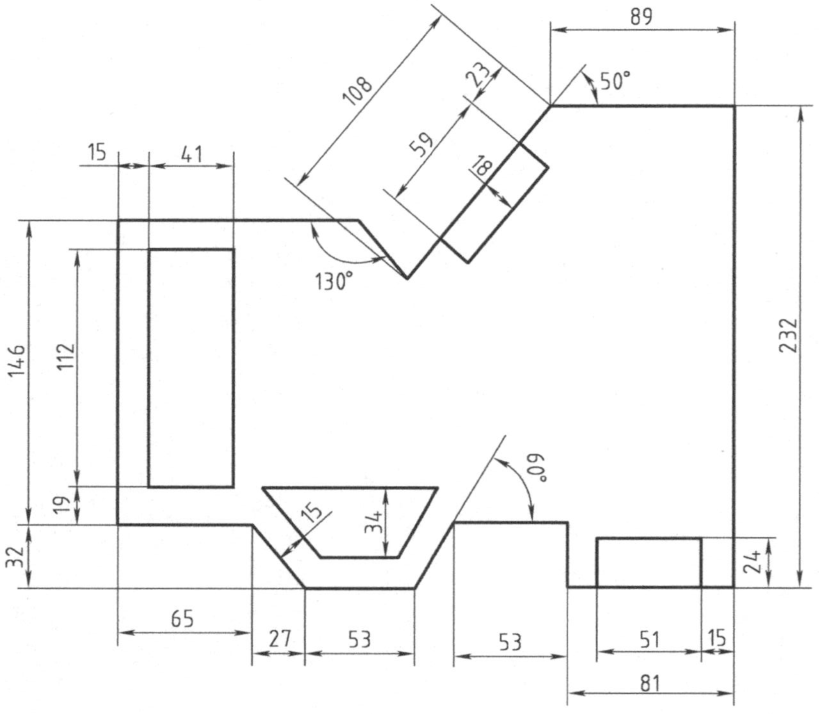

10.2 圆弧连接图的绘制

1.

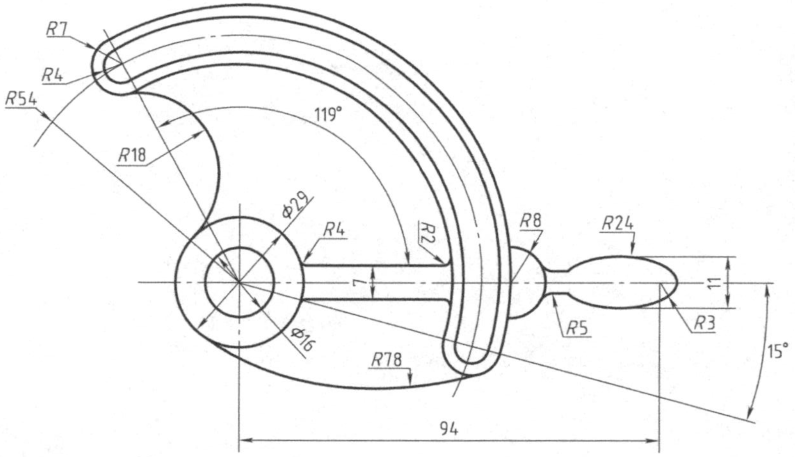

2.

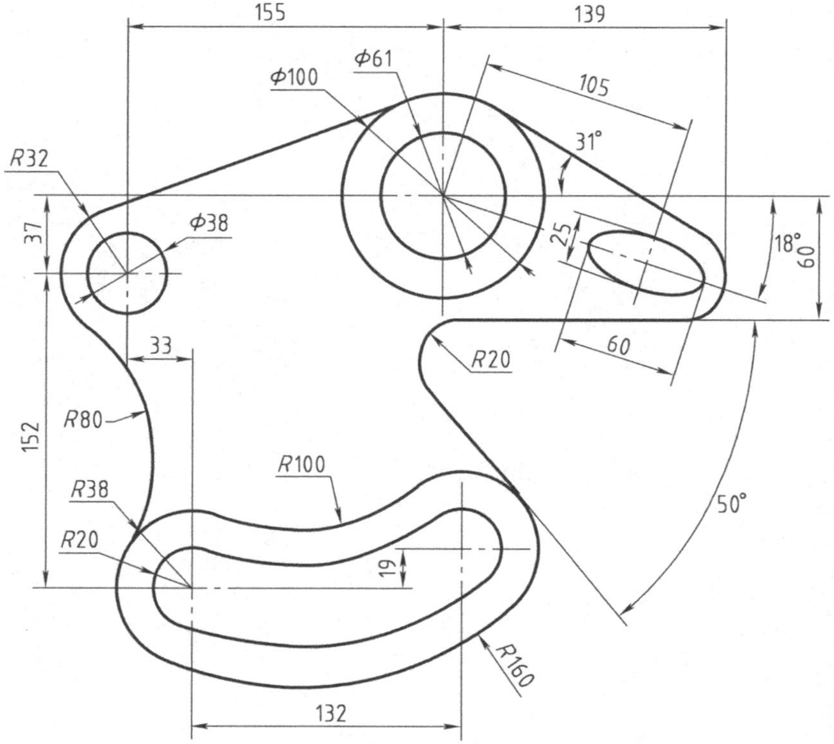

班级__________ 学号__________ 姓名__________ 成绩__________

10.3 对称图形的绘制

1.

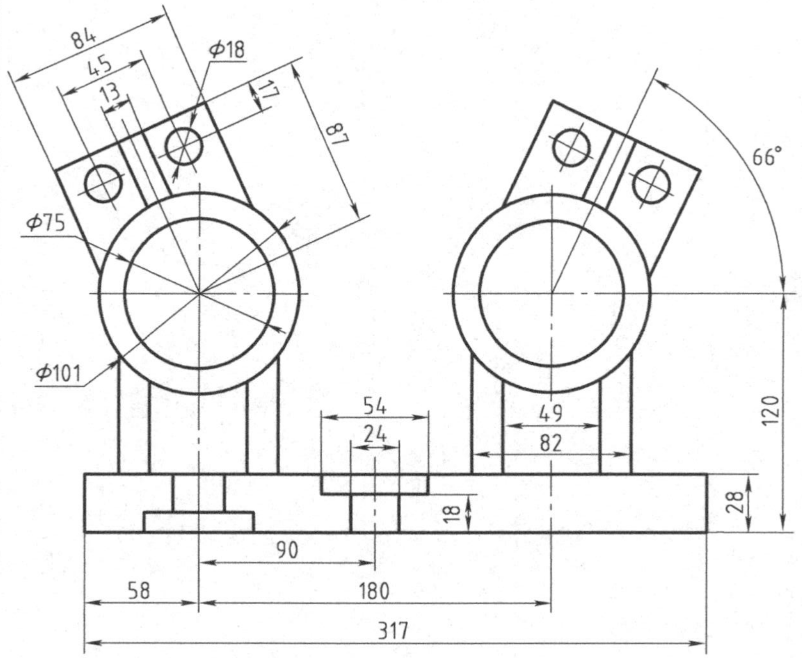

2.

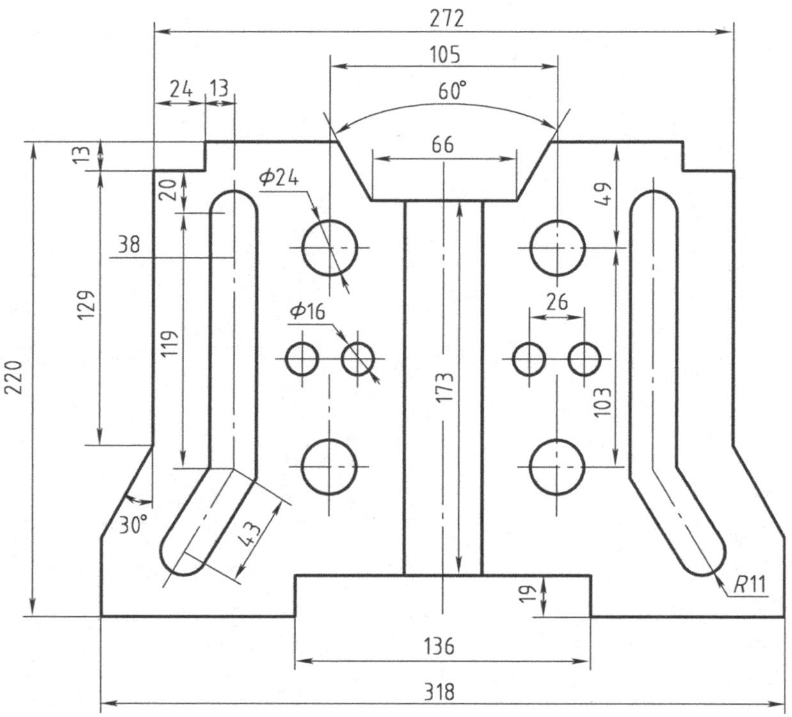

10.4 均布图形的绘制

1.

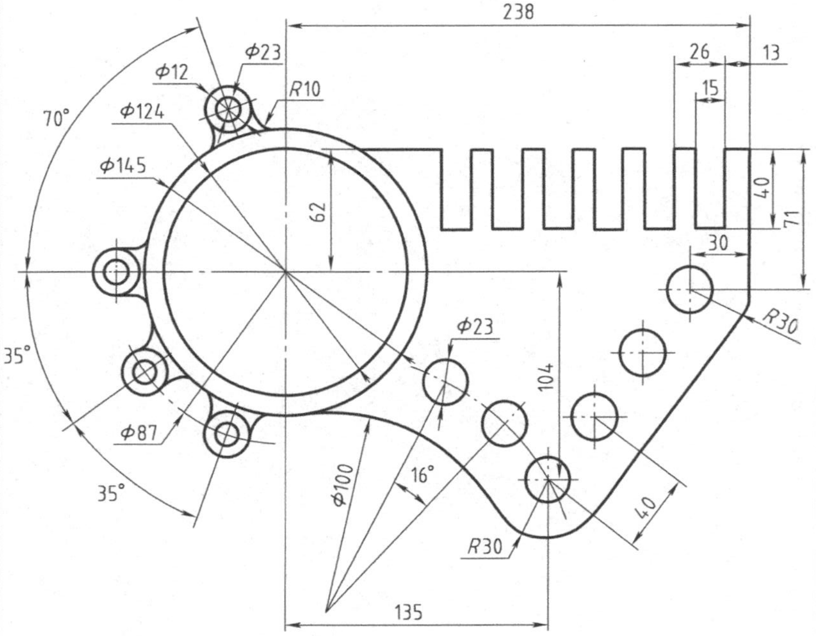

2.

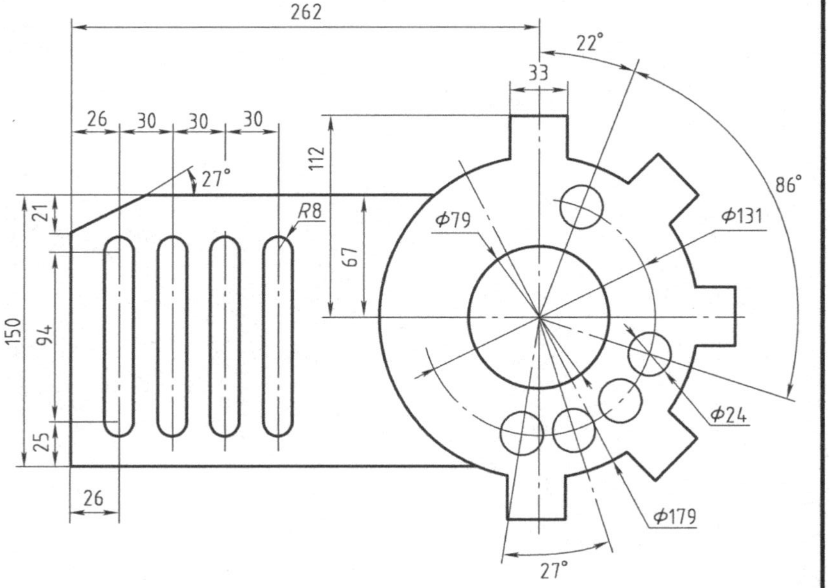

参考文献

[1] 刘雅荣．机械制图习题集 [M]．北京：北京理工大学出版社，2012.
[2] 于梅．工程制图习题集（非机械类）[M]．北京：机械工业出版社，2013.
[3] 刘雅荣，王敬艳，陶萍．机械制图习题集 [M]．北京：清华大学出版社，2009.
[4] 刘力．机械制图习题集 [M]．北京：高等教育出版社，2008.